Francesco Di Marino

¿Quién eres, oh, Señora? : La búsqueda de Dios de un gnóstico contemporáneo

1° ed. en castellano - Barcelona /Buenos Aires: Miño y Dávila editores, 2023

100 p.; 22.5x14.5 cm.

ISBN 978-84-19830-16-6 (Print) / e-ISBN 978-84-19830-17-3 (ebook)

Edición: Primera en castellano. Julio 2023
Título de la edición original: Chi sei, o Signora?
Traducción: Alicia Pini Ferrer
Lugar de edición: Barcelona / Buenos Aires
Depósito legal: M-22137-2023

Código Thema: QRAB / Philosophy of religion
Código Bisac: PHI022000 / PHILOSOPHY / Religious
Código WGS: 520 / Humanities, art, music / Philosophy

Imagen de portada: Mosaico Theotokos (Madre Virgen y Niño) en Santa Sofía, Estambul.

Diseño gráfico general: Gerardo Miño
Armado y composición: Laura Bono

dirección postal: Tacuarí 540 (C1071AAL)
Ciudad de Buenos Aires, Argentina
tel-fax: (54 11) 4331-1565
mail: administracion@minoydavila.com
web: www.minoydavila.com
redes sociales: @MyDeditores, www.facebook.com/MinoyDavila

colección

Historia de las ideas religiosas

dirigida por
Juan Manuel Cortés Copete

Este texto fue publicado en Italia en 2022 por el *Cenacolo Umanistico Adytum* con sede en Lavarone, Trento. El *Cenacolo Umanistico Adytum* es un histórico punto de referencia para estudiosos de religiones, esoterismo y filosofia tradicional, que desde hace 25 años publica la revista *Atrium*, voz autorizada y libre de la cultura italiana.

El título *¿Quién eres, oh, Señora?* ha sido extraído de una oración de San Maximiliano Kolbe a la Virgen.

FRANCESCO DI MARINO

¿QUIÉN ERES, OH, SEÑORA?

La búsqueda de Dios de un gnóstico contemporáneo

ÍNDICE

PRÓLOGO

En el desolado panorama de la época contemporánea, signado por la injerencia del materialismo y la desaparición de los antiguos dioses, la voz de Francesco Di Marino suena como una *vox clamantis in deserto*. De algún modo, podemos afirmar que toda la búsqueda espiritual del autor, quien desde siempre se pregunta por el tema de la Sabiduría, procede de una denuncia de la cultura materialista como forma dominante del nihilismo contemporáneo.

Se trata ciertamente de nihilismo, puesto que tanto el materialismo, como el cientificismo y el positivismo niegan la realidad ontológica del espíritu desde el momento en que reducen su valor. La ecuación Ser = Valor, que el gran Eugen Fink encontraba en el centro del pensamiento de Nietzsche, no ha perdido su peso de canon interpretativo. Es una ecuación imperante hasta en el mal hacer y en el mal ser de la falsa conciencia de Occidente, un Occidente exhausto y exangüe que ha preferido las tinieblas a la Luz. Es necesario también admitir, como hace con valentía el autor, que el materialismo terminó por insinuarse de manera solapada hasta en ciertas corrientes de la iglesia católica contemporánea animadas por el piadoso deseo de radicalizar las decisiones más funestas del Concilio Vaticano II. He aquí, entonces, que al pensamiento le incumbe un nuevo deber: el deber de dar vida a una búsqueda de lo Sagrado entendida como itinerario iniciático. Y no hemos de creer que se trata de un mero ejercicio intelectual. ¡Es todo lo contrario! El pensamiento es pasión, como lo saben bien los grandes filósofos a partir de Platón; el pensamiento es "erótico" por definición, asumiendo "eros" como el "*daimon*" intermediario entre el plano de la inmanencia terrena y el plano de la trascendencia divina. Entre ambos está toda la Escala de Jacob, que ha de ser interpretada a la luz del pensamiento alquímico.

El sentido de lo Sagrado no tiene nada que ver con la pertenencia a una determinada confesión religiosa. Tras las huellas de la reflexión del autor, podemos declarar aún que la religión institucional es el exacto opuesto de lo Sagrado. Por lo demás, Rudolf Otto, Carl Gustav Jung y René Guenon lo han demostrado varias veces, recorriendo itinerarios distintos pero en algún sentido paralelos. La religión nace de la voluntad de limitar lo Sagrado a un catecismo, a los cánones de una liturgia codificada, a los rangos de un colectivo jerárquicamente reglamentado y vinculado con un aparato de poder centralizado, que no tolera disidentes y envía a la hoguera a presuntos herejes y a presuntas brujas. Lo Sagrado es, en cambio, subversivo: espanta al poder en cuanto exceso desmesurado que puede arrastrar al devoto a la lúcida locura del éxtasis. Lo saben los místicos y sobre todo las místicas como Margarita Porete, Angela da Foligno o Santa Teresa de Ávila, cuyas vidas fueron difíciles en el seno de las religiones institucionales. Estas mujeres, estas leonas, no concebían ciertamente la experiencia mística en términos de anulación de sí. Uno de los ejes sobre los que gira la reflexión del autor se inserta en este tema: la experiencia mística no coincide para nada con una presunta anulación de sí mismo. Al contrario, coincide con lo que Dante, en el Canto I del *Paraíso* nombra como *"trasumanare"*. Es la prefiguración del Superhombre de Nietzsche, leído con prescindencia de las banalizaciones a los que fue sometido durante el transcurso del siglo XX. Los académicos tendrán un gesto de desdén ante esta vinculación. Pero nosotros proseguiremos. El camino del ser humano más allá de los límites de su cárcel terrena sólo se puede emprender alimentando la llama de lo Sagrado.

De este modo, el hombre se salva del abismo del nihilismo pero, sobre todo, de la segunda muerte, la muerte del espíritu. Precisamente, se trata de "lo Sagrado como alternativa salvífica". Las consideraciones desarrolladas por el autor sobre el tema de la fe ofician de corolario a esta tesis. La vía hacia lo Sagrado no está garantizada por una fe entendida como negación de la racionalidad; menos aun como adhesión a un sistema de dogmas codificados. Es el resultado de un arduo recorrido individual y de una infatigable lucha interior. Requiere método, es decir, "ascesis", en el sentido griego del término. Es "Jihad", o sea, batalla interior en el sentido auténtico revelado por la mística sufí. Y es el fruto maduro de un periplo que prolonga y va más allá de la racionalidad hasta sobrepasarla en lo suprarracional. Se trata de salir de la caverna de lo obvio, de lo opinable, de las creencias baratas, como Platón nos ha enseñado en *La República*. Sabemos que Platón resuena en todas las formas de búsqueda sapiencial que Francesco recuerda y menciona a veces con criterio filológico. Nos ofrece así un rico abanico de *exempla* que va desde los gnósticos egipcios a la Kabbalah, de la *Divina Comedia* a Charles Péguy.

Quisiera ofrecer al lector un solo consejo: el de aplicar al presente texto la técnica medieval de la *ruminatio*, o sea de la lectura lenta que mastica las palabras sin prisa, con el fin de metabolizar los estratos de sentido que se despliegan a lo largo de las reflexiones a las que nos conduce el autor.

Vivimos en la época de la prisa y de la aceleración; es necesario invertir la rueda.

Alessandro Raffi

Premisa

L a conciencia de que el destino del hombre consiste en desarrollar su naturaleza espiritual, para que no se confunda cuando llegue el momento de decidir sobre su futuro en el curso inmaterial de su vida, impone el deber de ir más allá de las cosas terrenas, hasta conocer a Dios. Es esta decisión la que desarrolla el pensamiento sacro y, por tanto, confiere al hombre una naturaleza espiritual. En otras palabras, la trasmutación del hombre en ser espiritual constituye una forma, mejor aun, la única forma de salvación: en la supervivencia del espíritu humano reside la victoria sobre la muerte y su existencia eterna.

Hay preguntas que sumergen en la perplejidad a todo el que se dedique al pensamiento religioso sin estar ligado a dogma alguno. ¿Y quién está más perplejo que aquel que ha confesado *"incertus vixi"*?[1]

Pero seguramente las preguntas fundamentales planteadas en la Biblia y por la religiosidad íntima propia de cada hombre lo obligan a llevar a cabo una rigurosa búsqueda dentro de sí mismo para encontrar las respuestas adecuadas.

Conviene, entonces, que el hombre dedique su vida, o al menos, como en mi caso, los últimos años de ella, a una búsqueda, la búsqueda de Dios. Pero no a través del filtro de las doctrinas oficiales, demasiado a menudo obstaculizado por exigencias temporales o por compromisos entre los diversos temas que se enfrentaban y eran debatidos en los Concilios, sino buscando directamente en los textos sagrados –la Biblia, en primer lugar– las respuestas que necesita.

---

1   *Incertus Vixi* es el título de mi último trabajo, editado por el *Cenacolo Umanistico Adytum*, 2010. La frase completa, contenida en una lápida de la Abadía de Westminster, reza: *"Incertus vixi, incertior moriar"*.

Este trabajo quiere dar cuenta de la investigación que he llevado a cabo, de las respuestas encontradas, de las inadecuaciones, de las esperanzas, del orgullo que han animado –que animan todavía– mi incesante búsqueda.

Es una búsqueda que se desarrolla en una dimensión individual y solitaria, no en el interior de las Iglesias que, repito, no pueden responder al ansia de libertad que anima al investigador: esperar respuestas del dogma sería un acto de fe ciega. La búsqueda requiere mucho tiempo, si es que todavía resta un trecho, porque llegará el día cuando el Ángel del Apocalipsis dirá *"Ya no habrá tiempo"*.

Mi esperanza es ésta: que mi búsqueda me conduzca cada vez más cerca de la *Santa Sophia*, es decir más cerca de la Gnosis que algunos, entre quienes me cuento, establecen como fundamento final de la salvación, entendiendo por "salvación" la prosecución de la vida más allá de la física, es decir, el privilegio de proseguir un viaje ascendente a través de distintas dimensiones para llegar a ser un día no ya hombre sino *homo nobilis* o, como otros han dicho "megas anthropos"

Tensión hacia el infinito, pues. Es la visión de quien un día, mejor dicho, un día fuera del tiempo, espera encontrarse a los pies de la Santa Sabiduría para que le conceda –sólo Ella puede hacerlo– el triunfo de la Gnosis: es Ella, la Virgen, el Principio femenino de la Divinidad, la figura femenina de la Divinidad, principio arquetípico y primigenio de todas las religiones.

De hecho, me propongo cerrar el presente trabajo dedicando a esta figura, la *Sophia*, María, la Virgen, mi búsqueda, que se funda sobre mi convencida certidumbre de su Divinidad.

1

Y DESPUÉS DE LA MUERTE FÍSICA, EL CAMINO SIGUE

¿Qué sería de esta vida, si estuviera destinada a terminarse con la muerte del cuerpo físico? Para dar un intento de respuesta viene en nuestro auxilio una consideración sobre los límites físicos del cuerpo humano: en la insuficiencia de nuestros sentidos, estamos encadenados a un conocimiento extremadamente limitado del cosmos, a tres de las dimensiones del espacio, a la engañosa concepción del tiempo ordenado en tres dimensiones (o acaso dos, ya que el presente queda devorado por el momento en el que es), a la materia, que podemos estudiar y conocer, mientras estamos excluidos del conocimiento directo del mundo del espíritu. Éste es el motivo por el que la mayor parte de los hombres acepta las cadenas que la condición física impone a nuestro cuerpo terreno; en la mejor de las hipótesis estudia la materia y los fenómenos relativos a ella, declarando orgullosamente que éste es el mundo, que esto es todo. Otra hipótesis abarca a los hombres convencidos de poseer una verdad sobre lo que está "más allá", una verdad tan válida que ha de ser impuesta a los demás como "la Verdad". Por último, y éste es el mal sutil de nuestro tiempo, hay personas que cierran voluntariamente los ojos frente a lo que hay "más allá", declarando su incognoscibilidad o negando directamente su existencia.

Pero, ¿y si la muerte fuera –es– la liberación de la prisión del cuerpo, la asunción de un ropaje diverso, más amplio, capaz de comprender lo que ahora nos es negado? *"Vita mutatur, non tollitur"*: la vida "cambiada", transformada, es la vida más allá de la muerte del cuerpo físico, evento de liberación y de comprensión. No se trata de una consideración sólo mía, ya que el concepto de "muerte como liberación" (estaremos todos inmersos en la luz total) pertenece a los hombres desde tiempos de Séneca, quien lo ha desarrollado ampliamente en una de sus Epístolas.

Con todo, es condición para la que vida "mude" en el momento de la muerte del cuerpo físico, que el espíritu permanezca alerta: "Estad preparados", dice Jesús. El que ha dejado callar al espíritu en esta vida no puede esperar que despierte con la muerte. Y tenemos ante nuestros ojos permanentes ejemplos de personas cuyo espíritu calla: por haber elegido solamente los aspectos materiales de este mundo y haber dado satisfacción únicamente a ellos, o bien dejando que prevalecieran, o por haber adherido a teorías nihilistas. Y esto último es más grave, porque si es verdad que la ignorancia es hoy en día inexcusable, no es menos cierto que la elección nihilista es acto de cultura, de cultura negativa de una persona que tenía ante sí, con sólo haberlo querido, un camino distinto y fecundo; y lo ha negado. A ellos la vida futura no puede sino reservar igualmente silencio. Si nada hubiesen querido, si nada hubiesen ambicionado más allá de sus exigencias de la vida física, el coherente destino es la nada, aun en la vida que continúa más allá. En ella, quizá, experimentarán algún relámpago de arrepentimiento, alguna sensación de pérdida que no lograrán explicarse, la sensación del "demasiado tarde". Es el Hades de los paganos, el Sheol hebreo, lugares de nostalgia, suspiro y penumbra, *"regni inertis pallentes sedes"*,[2] del que ni siquiera Orfeo con su música consiguió sustraer a Eurídice, porque todo intento es tardío y vano.

Personalmente, no creo en el Purgatorio, una invención medieval que, sustantivando el adjetivo[3], parte del *ignis purgatorius*, concebido como una ordalía que apunta a la purificación del alma pecadora, durante el juicio particular o el juicio universal. La idea de un "infierno temporáneo" asoma en San Agustín. Sin embargo, el obispo de Hipona no se hace eco del imaginario apocalíptico popular, renunciando a definir el tiempo y el lugar en el que esta "purificación" se habría de dar. También en el siglo XII San Bernardo habla de un "infierno purgatorio" o intermedio. Hasta el 1274 el cristianismo sostendrá oficialmente una posición incierta sobre el modo de obrar del *ignis purgatorius*. Esto perduró hasta el segundo Concilio de Lyon, cuando se lo definirá como un estado intermedio en el más allá que es localizado, y se lo eleva como elemento del credo cristiano. Infausta decisión, ya que habría de dar lugar al concepto de "indulgencia" (o abreviación de la pena) que se obtendría mediante las "obras de bien" de los sobrevivientes. Por ellas se entendía, sobre todo, la oración (Dante habla de esto repetidamente en varios pasajes del *Purgatorio*), la celebración de una misa *ad hoc*, o la

---

2   Lucano, *Bellum civile.*

3   Le Goff, J., *La nascita del Purgatorio*, Torino, 1996. Muchos de los datos contenidos en el texto han sido tomados de esta obra, verdaderamente fundamental para el tema. En la pág. 267, por ejemplo, se recuerda el Concilio de Lyon que en 1274 definió la formulación oficial del Purgatorio en la Iglesia.

reparación por parte de un deudo de los errores u omisiones del difunto, desde siempre y cada vez más, refiriéndose a donaciones para las órdenes mendicantes o después a diversas catedrales y a la Iglesia de Roma. Se trata de una espiral que Jacques Le Goff califica, brillantemente, de "infernal".

No es éste el futuro que le espera al hombre después de la vida física: si vemos ese futuro como una continuación de la vida, sólo que en condiciones transformadas, debemos pensar que la continuidad se manifiesta –ya únicamente– en la actividad espiritual. Aquellos cuyo espíritu ha estado siempre en estado de sopor no podrán sino dirigirse a un estado de silencio, que es precisamente continuidad de ese sopor en el que ha permanecido ese espíritu en esta vida.

Al morir nuestro cuerpo físico, no hay una ruptura en la continuidad de nuestro destino. No hay un Juicio con la correspondiente imposición de daños o atribución de premios: el juicio es *in re ipsa*, en nuestra preparación para afrontar el mundo nuevo que encontraremos. Un mundo de delicias espirituales para quien esté preparado para apreciarlas, cultivándolas, en los límites que consiente nuestra limitación física, ya en esta vida; un universo que ofrece un camino para el que se preparó a recorrer los tramos de enriquecimiento espiritual de nuestro mundo actual, un camino que atraviesa todas las dimensiones hasta encontrar esa dimensión infinita en la que habita Dios. Pero recordemos que "Muchos son los llamados y pocos los elegidos".

De la misma manera, no creo que el Infierno corresponda a las truculentas descripciones medievales o post-tridentinas, ni al enrevesado sistema del *contrapassum* dantesco (por lo demás, óptimo artificio poético). Creo, en cambio, que, para quien ha elegido conscientemente el Mal –el mal absoluto, no los comportamientos que la teología moral post-tridentina define como "pecados"–, es verdad lo que dice el salmista: *Et peccatum meum contra me est.* Es el reino del Mal, uno de los lugares intermedios de ese *mundus inelligibilis* que está entre nosotros y el universo y que, con nuestros sentidos, no alcanzamos a percibir. Es el Reino de un Anticristo que está, perenne, en la metahistoria a la espera de manifestarse, un día quizá no tan lejano, en la historia. Es la contraposición puntual de todo aquello que la Creación ha cumplido, con el deseo de destruir todo el bien y hacer triunfar el Mal absoluto.

Por eso, considero que los habitantes del Infierno, por muy lascivos que hayan sido en vida, no son ciertamente los golosos y los amantes que ha puesto en él Dante, y previamente la literatura medieval. Pero, de todos modos, temo que son numerosos los secuaces del Mal.

A la pregunta que surge ante el título de este capítulo se puede dar, pues, una respuesta, una respuesta positiva condicionada por el ejercicio de la búsqueda espiritual durante toda la vida, una perspectiva de liberación y de perfeccionamiento. Contestar esta pregunta significa hablar de Dios. Y veremos cómo.

Hay muchos modos de hablar de Dios, y la mayoría de ellos consiste en adoptar una actitud mística según la cual es casi imposible pensar a Dios si no se quiere hacerlo contra el mundo o prescindiendo de él. Esto nace de la comprobación de la lejanía del mundo actual aun respecto del solo pensamiento de Dios, de la profundidad de la crisis del pensamiento filosófico contemporáneo, de la vacuidad de una pseudo-civilización que es tal porque no está fundada sobre la armonía entre saber de Dios y saber del mundo.

Hay también un modo de hablar de Dios que pertenece a esa forma acrítica y no demostrada, que a menudo se adopta para edificación de los simples pero también, involuntariamente, en ámbitos más sofisticados, que cede a una antropomorfización de Dios. Para quienes practican este modo, Dios es amor y quiere que el hombre lo alcance a través del amor. Es un *topos* que pertenece también a la Iglesia de Roma. Pero ¿puede el hombre concebir un amor tan alto que le permita alcanzar a Dios? ¿Y Dios le pide al hombre sólo su amor? Yo no creo que Dios quiera ser amado, en el sentido en que lo amaron los místicos (menos todavía en el sentido más bien sospechoso en que lo amaron, en la persona de Jesús, ciertas místicas). Los conceptos de "amor", "bondad",[4] así como los bíblicos de "ira" y "venganza" no pertenecen al Ser Supremo que vive en la dimensión infinita del tiempo, la Eternidad, y del Espacio.

El mismo Dios del Antiguo Testamento reivindica para Sí características y criterios de juicio absolutamente incognoscibles para el hombre: *"¿Dónde estabas tú cuando yo fundaba la tierra? ... ¿Sobre qué descansan sus fundamentos o quién puso su piedra angular cuando las estrellas de la mañana cantaban a coro y todos los hijos de Dios daban gritos de júbilo?... ¿Dónde está el camino que lleva a la morada de la luz?... ¿Eres tú el que*

---

4   Son términos que corresponden a valores propios del hombre. Vito Mancuso afirma correctamente, en su *Io e Dio*, pág. 424, que "el bien antecede a la bondad". Esto sucede en virtud del Logos, la gramática divina. El Bien es esencia; la bondad, su consecuencia en el comportamiento humano. La concepción antropomórfica de un Dios que "se enoja" es blanco de críticas también por parte de Maimónides, quien niega que Dios pueda ser presa de las pasiones humanas.

*ata los lazos de las Pléyades, o podrías romper las cadenas de Orión?...
¿Conoces acaso las leyes del cielo?"*[5]

En todo caso, el hombre experimenta temor y terror ante la infinidad y eternidad de Dios: es el sentido de lo Numinoso, de lo Sagrado, sobre el que volveremos; es el *"timor Domini"* que constituye, como advierte el Salmista,[6] *"initium sapientiæ"*. Se trata del inicio, porque, como anota Rudolf Otto,[7] el sentido de lo terrible, que es el primer estadio en el que se encuentra el hombre ante lo Numinoso, se transforma en expresión de lo grandioso, de lo sublime. Y esto es lo que expresa la "conciencia religiosa de lo inefable, de lo inalcanzable, de lo 'totalmente otro', de la plenitud del misterio": el estar ante la presencia de Dios.

En esta vida, el hombre no puede hablar de Él sino en términos de temor, de esperanza y de espera. Y hasta que termine el decurso de nuestra vida en este mundo, estamos obligados a valernos de nuestros pobres instrumentos cognoscitivos, convencidos ya de que después deberemos trascenderlos, porque, cuando dejemos este mundo, encontraremos ante nosotros sólo la Escala que lleva a Dios. Según mi punto de vista, del que me propongo dar cuenta más detalladamente de lo sugerido en la Premisa de este trabajo, el destino, mejor aun, el deber del hombre consiste en conocer a Dios y ser conocido por Él, fundirse en Su grandeza, entrar en la condición divina de la Eternidad y del Infinito, en un proceso que va mucho más allá de nuestra vida física; prosigue con los sentidos y el intelecto que se vuelven más lúcidos y potentes al faltarles la prisión física a la que estamos constreñidos, en esta fase transitoria de nuestra vida inmortal. Entonces se nos revelarán los que Gianni Baget Bozzo, comentando un pasaje de Santo Tomás, llama "los pensamientos divinos de lo posible, la libertad de lo posible, la infinidad de lo múltiple: y [eso] marca la trascendencia de Dios respecto del mundo".[8] La Gnosis. El hombre tiene el deber de tender a la Gnosis, aun cuando pocos elegidos la alcanzarán.

Tenemos, probablemente, un instrumento conceptual que nos puede ayudar en este itinerario, que no es sólo *itinerarium mentis* sino de nuestro ser a través de progresivos estadios de perfeccionamiento que comienzan en esta vida y están destinados, si así lo queremos, a proseguir hasta lo Infinito.

---

5   *Job* 38, 4 y ss.; *passim*.

6   *Salmo* 111, 10.

7   Otto, R., *Il sacro*, Milano, 2009, pág. 82 y ss.

8   Baget Bozzo, G. *Il Futuro del Cattolicesimo*, Milano, 1997, pág. 75.

Resulta paradójico que los descubrimientos científicos, y los astronómicos, favorezcan y no impidan el concebir la trascendencia como "puro espíritu", como algo totalmente otro respecto de nuestra realidad material.[9] Es un instrumento del que ya hablaba Kant: "Una ciencia de todos estos posibles géneros de espacio sería, sin duda, la tarea más alta que un intelecto finito puede emprender en el ámbito de la geometría (…) Si es posible que haya regiones con ulteriores dimensiones, es muy probable que en algún lugar Dios las haya hecho existir…".

Es éste un pensamiento recurrente entre los estudiosos que se dedican al Espíritu: es la concepción de un *mundus intelligibilis* que se expande mucho más allá de los límites de nuestra lógica y de nuestra capacidad de conocimiento. Es un mundo pluridimensional que no podemos percibir con nuestro aparato sensorial y psíquico, constreñido, como está, en la prisión de lo tridimensional. Pero hubo intuiciones de grandes matemáticos que teorizaron sobre su existencia; rozaron así el límite entre la matemática y la teología. De hecho, el gran matemático Pal Gordan, al leer un artículo que Hilbert le había enviado para los *Mathematische Annalen*, exclamó: "¡Esto es teología, no matemática!". Algunas veces, las afirmaciones más profundas del saber humano nacen de episodios como éste.[10]

En realidad, Hilbert se movía en un terreno ya explorado: en el siglo XVII, el filósofo inglés, Henry More, de la escuela neoplatónica de Cambridge, negaba que las formas platónicas y los ángeles fueran meras abstracciones inmateriales, atribuyéndoles una realidad que llamó "espesura". Por su parte, Thomas Hobbes concibe el *mundus intelligibilis* como "una porción real de lo que llamamos 'universo'".

En 1888 Arthur Taylor Schofield, en su *Another World, or the Fourth Dimension*, dedujo de la Biblia y de la matemática la demostración de la existencia de un universo configurado de manera pluridimensional, concluyendo que, entre los medios que permiten el pasaje de la tridimensionalidad a un mundo pluridimensional –y cita a Enoch, Elías y Jesùs– se cuentan la oración, la contemplación y la abstracción.

Se trata de una corriente de pensamiento nunca extinguida, tal es así que Fernando Pessoa se dedicó también a la geometría no euclidiana. Observa su

---

9   Sarubbi, G., *L'Apocalisse libro sconosciuto e bistrattato*, Libera Chiesa di Avellino, 2004, pág. 62.

10   Puede resultar de interés, para demostrar la persistente actualidad de ciertos problemas, el texto de Bartocci, C., *Una piramide di problemi. Storie di geometria da Gauss a Hilbert*, Milano, 2011.

comentarista Silvano Peloso, que él, "como Borges, buscaba llaves secretas y arduas álgebras de lo que nunca conoceremos".[11]

Es una corriente de pensamiento que encuentra en Rudy Rucker, descendiente de Hegel y docente de matemática en la San José State University, la expresión más completa. De hecho, este investigador ha publicado en 1984 *The Fourth Dimension – A Guided Tour of the Higher Universes*,[12] texto en el que recuerda que los filósofos del hiperespacio de fines del siglo pasado sabían bien que la noción de dimensiones superiores conduce a una progresión (o regresión) al infinito... ¿Dónde se puede detener todo ello? Sólo en el infinito.

Y si en el infinito existe un Ser (existencia necesaria si se admite la progresión infinita de los seres), es evidente que a él se presenta una visión infinitamente más perfecta de lo que constituye el cosmos que a un observador de cualquier región inferior del espacio. Así pues, para un ojo situado en el Espacio Supremo, se presenta sin duda una revelación infinitamente perfecta de todos los elementos que constituyen nuestro ser. Por eso, está infinitamente cerca de cada punto y partícula de toda nuestra constitución.[13]

Es la concepción del Ser supremo que está presente y consciente en cada configuración dimensional, que está al mismo tiempo *hic et nunc* pero también en cada dimensión ulterior, en cada tiempo y en cada universo posible; que reside en el punto en el que el infinito anula toda diferencia, lugar conceptual sin dimensiones puesto que es la suma de todas: el centro de la esfera, el centro que está en todas partes, así como la circunferencia en ningún lugar. Una concepción en virtud de la cual "ya no hay antítesis entre el Dios-Persona trascendente y la visión que lo quiere *omnia ubique*".[14]

Por su parte, San Agustín dice que los números "tomados singularmente son finitos, y todos juntos, infinitos. A causa de su infinitud, Dios conoce todos los números". Con estos elementos nos aprestamos a considerar "el mundo fenoménico visible como una sección de algún otro mundo infinitamente más complejo que, en un momento dado, se manifiesta en el primero".[15] En un momento dado y a una persona determinada, un privilegiado acaso inconsciente de ello.

---

11   Cf. Epílogo al volumen: *Fernando Pessoa, Pagine esoteriche*, Milano, 1997, pág. 233.

12   Se editó en Italia en 1994 con el título *La cuarta dimensión*.

13   Rucker, R., *op. cit.*, págs. 243-245 y *passim*.

14   Ambesi, A. C., *I Maestri del Tempio*, Milano, 1995, pág. 164.

15   Ouspenskij, P., D., *Tertium Organum,* ed. it., 1983, pág. 107.

Un mundo que, desde una dimensión a otra mayor, culmina en el infinito. A esto habían llegado, por caminos diversos, Euclides, al concebir el punto geométrico exento de dimensiones –y por eso mismo infinito– y los Veinticuatro Filósofos en su concepción de Dios como una "esfera inteligible cuyo centro está en todas partes y la circunferencia en ningún lugar.[16] Nicolás de Cusa escribe en *De docta ignorantia* que "el cosmos es una rueda dentro de una rueda y una esfera dentro de una esfera con el centro o la circunferencia en ningún lugar". Se ha de notar la consonancia entre esta proposición con la visión de Ezequiel, quien al lado de los querubines vio ruedas resplandecientes:

> "En lo que concierne a su aspecto, las cuatro ruedas eran iguales, una en medio de la otra (…) Avanzando hacia las cuatro direcciones, ellas avanzaban sin darse vuelta (…) porque se movían hacia donde estaba vuelta la cabeza, sin volverse en sus movimientos. Todo el cuerpo de los querubines, el dorso, las manos, las alas y las ruedas estaban llenas de ojos alrededor (…) Y yo sentí que a las ruedas les fue dado el nombre de 'torbellino' (…) Cuando los querubines se movían, también lo hacían las ruedas que estaban a sus costados, y cuando se elevaban, las ruedas se elevaban con ellos, porque el espíritu de vida estaba en ellas".[17]

Se puede notar que también en la miniatura del Breviario de Hildegarda de Bingen, que representa su visión de los nueve coros angélicos que circundan a Dios, el círculo más interno, es decir, el más próximo a Dios, está, como dice el profeta, "lleno de ojos alrededor".

¿Demasiadas citas? Quizá. Pero todas concuerdan en indicar una vía posible en la búsqueda de Dios, todas demuestran que podemos prepararnos para acceder a mundos siempre más cercanos a Dios, hasta donde lo permitan las fuerzas crecientes de un Hombre destinado a transformarse en *megas anthropos*. Y puede contar con el consuelo de las potencias intermedias, hasta donde rija su tensión hacia la *Sophia*, la *Sedes Sapientiæ*.

---

16   *Il Libro dei Ventiquattro Filosofi*, ed. it., editado por Lucentini, P., Milano 1999, págs. 56-57.

17   Ezequiel tuvo esta visión en el año quinto del Rey Joaquín (593.592 a.C.). El *De docta ignorantia* del Cusano apareció en 1440.

2

¿PERMITE ESTA CIVILIZACIÓN LA ASCENSIÓN DEL HOMBRE?

Para que se pueda dar la supervivencia del hombre después de su muerte física, es necesario que la vida que precede a esta última sea vivida bajo el signo del Espíritu.

Difícil tarea, en cualquier época, pero particularmente difícil en un momento en el que el mundo ve una religión sin cultura y una civilización sin religión: dos aspectos de la misma crisis de valores que atraviesa la humanidad. Y que constituye la premisa para el Gran Vacío que permitirá el advenimiento del Anticristo.

En los siglos pasados, frecuentemente a pesar de la Iglesia de Roma, el cristianismo ha producido un inmenso patrimonio de cultura. Baste pensar en la pintura y en la escultura desde la Edad Media al siglo XVII, en la arquitectura desde el románico y, más aún, desde el gótico al barroco, en la música sacra desde Josquin des Près a Lorenzo Perosi. Vito Mancuso enumera, a lo largo de casi cuarenta páginas de *Yo y Dios*, las prohibiciones, los anatemas, las condenas con que la Iglesia de Roma ha apuntado contra hombres de sabiduría y hasta contra pensadores católicos. Pero la cultura no acepta limitaciones ni censuras, de modo tal que, reiteramos, por siglos el cristianismo ha sido la levadura de la cultura occidental.

Y no sólo la levadura de la ortodoxia, sino también de las así llamadas "herejías", de los arrepentimientos, de las fugas hacia delante, de los regresos con los que se teje la gran, estupenda tragedia de la cultura humana. ¿Qué queda de todo esto? ¿Y por qué?

Basta entrar en una iglesia moderna para encontrarse en un garaje, un cobertizo industrial, una alquería o granja. En este sentido, se ha de señalar, entre paréntesis, que el Comité de Nuevas Iglesias de Milán decidió que las iglesias de la periferia ambrosiana debían inspirarse en las granjas del campo circundante, ignorando que, mientras tanto, ese campo se había poblado de inmigrantes de todas las regiones de Italia y después del resto del mundo, completamente extraños a la cultura campesina lombarda y dedicados a actividades que con la granja nada tenían que ver.

Y es reciente la iniciativa del Patio de los Gentiles que, en mayo de 2012, decidió dedicar un congreso al nexo entre estética y ética, lamentando que "en el último siglo se ha consumado un divorcio entre arte y espiritualidad",[18] rechazando la belleza y el mensaje espiritual estrechamente vinculado con ella.

Es suficiente participar de un rito católico para escuchar cancioncillas de ínfima calidad, ni siquiera inspiradas en la moda corriente, adobadas con palabras sin métrica, para no hablar de la traducción de las más nobles oraciones latinas en un italiano descuidado, pobre, vulgar y demagógicamente populachero.

Con este rechazo de la belleza y de la nobleza de lo sagrado se ha construido el "Dios humano, demasiado humano" del que habla Mancuso: "una invención del hombre, un aglutinante social, funcional al poder de la política". Que no es Dios.

Lo ha construido la Iglesia de Roma en el intento de secularizar el compromiso religioso llevándolo a lo "social". Georges Duby señala que esto implica "la separación del universo simbólico de los Padres y ubicar por principio a la teología como subalterna de las ciencias humanas".[19] Se ha inventado la "comunitarización" de la Misa, impidiendo así la oración individual interior;[20] como decíamos, se ha banalizado el rito, transformándolo en manifestaciones que están entre lo grotesco y lo televisivo (por ejemplo, los niños que entregan baratijas al Papa). Ha sido éste el resultado infausto de un proceso denunciado por René Guénon ya desde 1927, cuando se lamentaba de "un cristianismo que se cierra a todo impulso de realización espiritual, limitándose a profesar un mediocre humanitarismo".[21]

Así pues, ya no hay universo simbólico, ya no hay rito: y veremos que sin símbolo y sin rito no es concebible una correcta ascesis. La cultura

---

18   Son palabras de Ravasi, director del Pontificio Consejo de la Cultura, que recordaba las del Padre Turoldo: "Muchas iglesias contemporáneas parecen un garaje donde está estacionado Dios ante una fila de fieles". ¿No será un arrepentimiento demasiado tardío?

19   Duby, G., *Mille e non più mille*, Milano, 1994, pág. 19.

20   Así se expresa Baget Bozzo, G., en *Il futuro del cattolicesimo*, Torino 1997, pág. 104.

21   Este pasaje de Guénon, de *La crisis del mundo moderno*, es citado por Bernardi Guardi, M., en un artículo publicado en *Abstracta*, agosto- septiembre 1986, n° 7, pág. 20.

religiosa se desarrolla fuera de la Iglesia de Roma y hay de ello ejemplos ilustres, Hans Jonas y Rudolf Otto, sólo para citar a los más eminentes.

Pero esta desolación les conviene a muchos: no requiere compromiso intelectual, basta un poco de conmoción cuando se ve a multitudes descender del autobús para desfilar ante un Santuario, un rosario en el auto. ¿Los pobres de espíritu verán a Dios? Con todo respeto por Quien lo ha dicho, si hubiera querido decir esto, yo no lo creería. Por fortuna la traducción canónica no es la única y, probablemente, no es la mejor fundamentada. Leo en Zolla[22] que el griego *Makarioi ptwχoi tω pmeumati* se puede interpretar, con San Agustín, como "Felices aquellos que no están henchidos de jactancia"; y con Crisóstomo "Felices aquellos que son humildes no por resignación forzada sino con espíritu de elección". Se debe indicar también que en hebreo existen ocho posibles variaciones de significado del sustantivo "pobre". Yo sugeriría "Felices aquellos que mendigan el Espíritu". Esto para demostrar que el Libro está abierto a las más diversas interpretaciones y ni la Iglesia ni nadie puede imponer una.

"La consecuencia de una religión sin cultura es una civilización sin religión". Esto no sucede sólo hoy. Por el contrario, ocurre desde hace algunos siglos y precisamente desde que las ciencias humanas proclamaron su autonomía conceptual respecto del Saber, del Saber unitariamente entendido, como se lo concebía hasta el Renacimiento: religión, filosofía, ciencias esotéricas, ciencias humanas y físicas constituían un *unicum* que otorgaba al conocimiento una dimensión sagrada y una concepción igualmente sagrada del hombre y de la naturaleza. Baste pensar en algunas de las mayores figuras que se colocan en esta perspectiva, presentes desde la Edad Media al siglo XVII, en Roger Bacon, en Gerbert de Aurillac quien fuera el Papa Silvestro, para llegar a Athanasius Kircher, físico (*Ars Magna Lucis et Umbræ*) e investigador de esoterismo (*Musurgia universalis*), en el Francis Bacon de la *Descriptio Globi Intellectualis*, en Isaac Newton que fue más alquimista que físico.[23] Ahora bien, en ellos, Dios y la naturaleza convivían en la armonía de un único conocimiento.

---

22   Zolla, E., *I Mistici dell'Occidente*, Milano, 1997, vol. I, pág. 237.

23   Gilchrist, V., *L'Alchimia* ed. it. Milano 1993, pág. 102 y ss., en las que se cita a Dobbs, B. J. T., *The Foundations of Newton's Alchemy, or the Hunting of the Green Lion*, Cambridge University Press, 1975.

Era necesario que llegara a plantear *Deus sive Natura*. Y detrás de él los investigadores de las ciencias cuantitativas, experimentales, los científicos de lo mensurable, de lo calculable, de lo visible.

Respecto de la filosofía: del racionalismo al positivismo hay un recorrido en descenso que llega al siglo pasado en el que se ha vivido, exaltado o llorado la "muerte de la metafísica". Mejor dicho, la declaración de impotencia para acceder a las regiones superiores del espíritu, o incluso, el carácter ajeno que tienen estas regiones al discurso rigurosamente filosófico: estamos ante la crisis de la delimitación del ámbito del pensamiento filosófico con la que el problema metafísico es excluido de la legítima especulación de la filosofía, hasta transferir esta imposibilidad especulativa al plano ontológico, o sea, al nihilismo. Uno de los momentos nodales de esta crisis se puede colocar en el heideggeriano *Sein zum Tode*,[24] en el reduccionismo anti-metafísico y en el confiar en la teoría del lenguaje para excluir los conceptos extra empíricos del ámbito de la especulación. El primero de estos conceptos excluidos es el de Dios, también –y particularmente– el comprendido en las pseudo proposiciones metafísicas.[25]

Estamos –y no hay fuga individual que valga– "en el tiempo de la privación [que es tal porque consiste en] una doble falta y un doble no; en el 'ya no' de los dioses que han huido y en el 'todavía no' de lo que viene". Así pensaba Hölderling, mientras Heidegger consideraba esto una perfecta representación de la presente condición humana. Para Jünger el "crepúsculo de los dioses no es sino una vacía condición de suspensión".[26]

Ésta es en la realidad de la vida humana la *epokè* como suspensión del juicio: una vacía condición de suspensión, una doble ausencia, el retiro de Dios del mundo ("*Dieu se rétire*", dice Bloy), ¿o, más bien, el retiro (voluntario) del hombre de Él?

Dario Antiseri afirma la imposibilidad de la filosofía de dar al hombre la "gran respuesta", y admite sólo como posible la invocación "en el mundo de la contingencia, en un universo de la desesperación, fulgurados por la conciencia racional de la ausencia de un sentido absoluto".[27]

La desesperación del hombre sin Dios.

---

24   Heidegger, M., *Ser y tiempo*, I, 53.

25   Cf. el trabajo de Carnap, R., sobre la superación de la metafísica mediante el análisis lógico del lenguaje, en *Il neo empirismo*, Torino, 1989.

26   Jünger, E., *La forbice*, trad. Alessandra Iadicicco, Parma, Guanda, 1996, pág. 151.

27   Antiseri, D., *Cristiano perché relativista, relativista perché cristiano*, Palermo, 2003.

El autor dice que la filosofía no salva. Con todo, ella plantea y custodia una pregunta, una solicitud de sentido que, si bien se configura aparentemente como una *interrogatio*, como un problema, es, en realidad, sólo *rogatio*, una invocación de sentido que puede recibir únicamente una respuesta religiosa.

Si fuera verdad que la fe encuentra fundamento sólo en sí misma, entonces, también la respuesta que el "mendigo de sentido" encuentra en otra religión sería autofundante, constituyendo su valor absoluto personal: el espacio de lo sagrado se vuelve así relativo y la respuesta de la religión no es la que el mendigo espera, es decir que no es ya una respuesta de valor.

Quien así piensa cae en un círculo vicioso del que es imposible salir. Más aun, en el silencio sobre todo aquello que está sobre y más allá de la pobre realidad empírica: desesperación y silencio.

Repetimos, la desesperación del hombre sin Dios; pero no sólo desesperación y silencio, sino algo peor y que presagia grandes desventuras. Nietzsche ve en la muerte de Dios la liberación del hombre respecto de toda ética trascendente; de donde deriva la posibilidad para el hombre de configurarse como mejor le parezca. De hecho, se trata de una tentación antigua, remota en la historia del pensamiento humano, una constante negativa que persiste a lo largo de las fases históricas y que, de vez en cuando, surge a través de los avatares individuales. Una constante no exenta de momentos de profunda, oscura, desesperada grandeza, la del doctor Faust que, en el drama de Marlowe, ignora el mensaje *"Homo, fuge!"* que le surge en la sangre con la que firmará el pacto con en Diablo; que, en el drama de Goethe lo lleva a intentar la creación del *Homunculus* (y así, en la intuición del Poeta, del superhombre no puede nacer sino el *homunculus*, como de la ambición del rabbí Elijah no puede nacer sino el Golem de arcilla que lo matará).

La visión de Nietzsche, precisamente por el hecho de que al superhombre se le ha dejado la "página en blanco" de una ética libre de condicionamientos, lleva a la idea del superhombre a desembocar necesariamente, según una progresión inevitable, en el titanismo, en la voluntad de poder que es fin en sí misma, lo que presupone una inmensa energía de negación del mundo de las verdades metafísicas.

Es la *voluntad de voluntad*, según la definición heideggeriana, en la que se cumple la metafísica de la muerte de Dios y la liberación del hombre: su máxima afirmación consiste en el confiar en la técnica como instrumento de dominio, en el abandonarse del ser al *dominio del hacer y del ponerse a hacer.*

El nihilismo metafísico, la muerte de Dios, la negación del sentido de lo sagrado conducen, a la postre, a la pérdida de la esperanza: "el realismo heroico, que no se deja abatir por la perspectiva de la completa anulación y de la falta de esperanza en sus esfuerzos".[28]

Pero Elémire Zolla advierte: "En la penumbra crepuscular donde taumaturgia, engaño y conjura se confunden, intercambiándose los papeles, puede merodear el superhombre...". Y vemos continuos ejemplos de penumbra crepuscular, es decir, de ese clima que, en el pensar corriente, absorbe, deforma y vulgariza el mensaje filosófico, a condición de que éste contenga en sí los gérmenes de lo deformable y vulgar. Esto es –los hechos lo comprueban– lo que ocurre con ese aspecto de la filosofía nietzscheana que concierne a la "muerte de Dios".

Charles Péguy ha dicho: *El olvido de lo eterno es el mal de nuestro siglo*. Pero la deformación de lo eterno ligado a una visión parcial, polémica y mezquina del presente es algo aun peor. En los Estados Unidos, el mensaje de la "muerte de Dios" ha producido la teología "teotanatológica" (*da θεος + θανατος*)[29]que, partiendo de las afirmaciones de Nietzsche según las cuales la idea de Dios ya no es fuente de ningún código moral, ha pretendido desarrollar el concepto aplicándolo a la religión cristiana. Ésta habría debido tomar en cuenta tal evento y plantear una cultura post-cristiana fundada sobre un Jesús asumido como modelo de hombre y despojado de toda característica divina.

Se han de registrar también interpretaciones histórico-políticas como aquella según la cual Dios, siendo un proceso histórico y no un Ser, habría muerto en Auschwitz (como consecuencia de ese lugar de deportación por lo demás parecido a decenas de gulags soviéticos nunca citados).[30] Se trata

---

28 Esta cita de Jünger, *Der Arbeiter,* pertenece a un ensayo de Mario Ruggenini, publicado en *Gli strumenti del sapere contemporaneo*, UTET 1985, en la entrada "Nichilismo", pág. 568.

29 Cf. Vahanian, G., *La morte di Dio: la cultura della nostra era post-cristiana* (1961). El texto fue saludado como piedra angular de la crítica teológica por Rudolf Bultmann. En los años sesenta, los escritos teológicos de Vahanian, Harvey Cox, Paul Van Buren, William Hamilton, Thomas J. J. Altizer y Richard L. Rubenstein fueron reconocidos por muchos observadores como un nuevo movimiento cristiano y hebreo que se funda sobre la muerte de Dios.

30 Richard Rubinstein introdujo en el judaísmo, sobre las huellas de la teología protestante norteamericana (Thomas Altizer, William Hamilton) llamada "de la muerte de Dios", el debate acerca de Dios después de Auschwitz. Sobre el teólogo, véase Giuliani, A., *Auschwitz nel pensiero ebraico – Frammenti dalle "teologie dell'Olocausto"*, Brescia, 1998.

de distorsiones y vulgarizaciones respecto del originario pensamiento nietzscheano, seguramente, pero no son completamente gratuitas. Más aun, la deconstrucción de la metafísica –de toda posible metafísica– conduce a la pérdida del fundamento trascendente de las normas de comportamiento, "Justo", "injusto", "bien", "mal" no son conceptos empíricos, pero son comprensibles en cuanto se remiten a una realidad trascendente, superior. Si se pierde el fundamento de estos conceptos, lo justo y lo injusto, el bien y el mal se convierten en objeto de análisis sociológico, basado en la actualidad y adquieren un no-valor de equivalencia entre ellos, como corresponde a juicios de mero hecho y, como tales, no elevables a lo absoluto propio de los juicios de valor.

He aquí el relativismo ético, la renuncia al juicio moral, la equivalencia o, mejor aun, la indiferencia respecto del bien y del mal. Es ese relativismo que renuncia "a priori a buscar –ciertamente, a tientas, porque de otro modo la existencia humana no es posible– alguna verdad, renunciando a afirmar cualquier valor, poniendo todas las elecciones morales en el mismo plano"; es, en realidad "un lobo con piel de cordero". Es la posibilidad de justificar, o por lo menos de tolerar, todos los horrores que han tejido la historia de Occidente y que pululan en las crónicas cotidianas.[31] Que el nihilismo se niega a sí mismo, desde el momento en que afirma sus propios principios, se lee en el volumen que recoge escritos de Marcelo Pera y del entonces cardenal Ratzinger.[32] De hecho, si con el relativismo se afirma que no existen fundamentos racionales que se pueden asumir como base del propio comportamiento, entonces, tampoco puede ser el fundamento de un comportamiento racional.

Hemos leído a Joseph Ratzinger cuando afirma que el relativismo se transforma en dogmatismo. Y es un proceso natural: dondequiera que se dejen a un lado los valores del espíritu, o por efecto de una ideología totalitaria o como consecuencia del relativismo que niega valores absolutos, se afirma el dogmatismo y la constricción a comportamientos coactivos. Comparto efectivamente la convicción de que el nihilismo tiene como resultado último "el tecnicismo y el formalismo, exentos de *ethos* y *nomos*", o sea que él entrega al individuo y a la comunidad al dominio de los tecnócratas, es decir, a lo que Carl Schmitt llamaba "la oscura religión del tecnicismo… la muerte espiritual, una mecánica privada de alma". Éste parece el destino

---

31 Véase el artículo de Claudio Magris, publicado en el *Corriere della Sera* del 23 de febrero de 2012.

32 Se trata de *Senza radici,* publicado por Mondadori en el año 2005.

de Occidente, esencial a su misma naturaleza, que es destino de fin de los valores sobre los que se apoyó su civilización.

Es el Gran Vacío: la condición *sine qua non* para el advenimiento del Anticristo. Es comprensible que Mancuso no haya hablado de esto en una "guía de perplejos" que está entretejida por entero en la búsqueda de Dios. Pero no es menos cierto que alguien deba hablar de ello, porque el real Enemigo no es el Satanás del Antiguo testamento, no es el Diablo, que también es y persigue el Mal. El Enemigo de Dios es el Anticristo. El Satanás bíblico es casi un interlocutor de Dios: conversa con Él, lo desafía a propósito de Job: "extiende un poco tu mano, toca cuanto él posee, y verás si no te niega en la cara". Y Dios acepta el desafío: Y bien, todo lo que posee está en tu poder; sólo abstente de extender la mano sobre su persona".[33]

El Diablo de la religión cristiana es siempre, y con todo, ángel caído: por naturaleza es enormemente inferior a Dios, tal es así que, desde el inicio de los tiempos, está destinado al fracaso, mejor aun, a los fracasos de todos sus desafíos. Podrá embaucar a algún individuo, quizá más de los que imaginamos, podrá establecer un pacto de riqueza y poder con algunos de ellos (salvo para después hacerse pagar amargamente), pero no es él el protagonista de los últimos tiempos. Sigue siendo, pues, el deuteragonista de la lucha metahistórica entre el bien y el mal, en verdad de la lucha que se desarrolla a través de la historia pero por arriba de ella, en la metahistoria, es la lucha que se libra en las regiones del Espíritu, allí donde se plasma el Cosmos y se perfila la vida humana.

El drama del hombre se consuma, en cambio, en la crónica cotidiana y en la historia. De la primera, sobre todo en época de globalización de la información, casi todos se dan cuenta; de la segunda, pocos comprenden sus grandes tendencias, también porque las ideologías han encorsetado los movimientos históricos en esquemas a menudo arbitrarios, empobreciéndolos al servicio de visiones preconstituidas y preconcebidas, despojando a la historia de su grandeza y su complejidad.

Pero hay más: la historia en parte esconde y en parte revela un drama preexistente, del que ella es manifestación casi siempre inadvertida y no escuchada, un drama épico que se desarrolla sobre la historia y que dura desde que, en el Edén, se manifestó la *pietas* de Abel y la envidia de Caín; mejor aun, desde un "antes" sin tiempo, desde el momento mismo de la creación: es el drama metahistórico de la perenne lucha del bien y el mal.

---

33 *Job,* I, 11, 12.

 ¿Quién eres, oh, Señora? La búsqueda de Dios de un gnóstico contemporáneo

Pero el drama metahistórico no responde a los cánones temporales en los que estamos acostumbrados a colocar todas nuestras experiencias. De esta manera, los intérpretes se afanaron a través de los siglos, preguntándose *cuándo* habrían de suceder las cosas de los últimos días, sin advertir que no hay un *cuándo*. El mismo Jesús dijo a sus discípulos que le preguntaban cuándo habrían de suceder los terribles eventos que profetizaba: "en cuanto a ese día y ese momento, nadie los sabe, ni siquiera los ángeles del cielo … Mirad, que ninguno os seduzca".[34]

La metahistoria es por sí misma: ella se manifiesta en cada momento a quien tiene ojos para ver e intelecto para comprender, impregna cada acontecimiento singular, desde la aparentemente cotidianidad banal a los grandes signos que se ven en el cielo. Así, sería un error ubicar la metahistoria en el comienzo de la creación o, incluso peor, en el inicio de los acontecimientos humanos: *"Deus creare non desinit, sed ncipi creat et creare ncipit"* (Dios no cesa de crear sino que siempre crea y comienza a crear), advierte Meister Eckhart, y el proceso cosmogónico, ese fuego creador que da origen a todas las cosas, está en acto todavía hoy y lo estará hasta el fin de los tiempos: "Hay un perpetuo inicio", dice Jakob Böhme en el *Misterium Pansophicum*. Pero hay un momento en el que el drama metahistórico se revierte en la historia. Esto ocurre cuando la falta de principios, el vacío del Espíritu, vuelve vulnerable al Mal a la historia humana, la de cada individuo particular. Y hoy hemos llegado al tiempo de los precursores del Mal.

Ellos consiguen alcanzar una peligrosa proximidad a las temáticas más propiamente religiosas mediante teorías abiertamente nihilistas de quienes, como Anthony De Mello, "presentan un Dios sin forma ni imagen, como puro vacío",[35] o subrepticiamente místicas de quienes, como Vannini, proponen una lectura de Meister Eckhart bajo el signo de la "superación de toda sustancialidad onto-teológica para llevar a cabo el fin de la alteridad de Dios".[36]

He aquí ya preparado el ambiente del Gran Vacío, el hábitat del Engañador universal. He aquí el lento, subterráneo difundirse de una serie de actitudes idóneas para destruir los anticuerpos, una epidemia cuyo contagio puede difundirse sin que las víctimas lo adviertan, un clima generalizado de

---

34 *Mateo* 24 *passim*.

35 Bonvecchio, C., Introducción al ensayo de Gianfranco De Turris, *Come sopravvivere alla modernità*, Milano, 2000.

36 Se trata de palabras utilizadas en la condenación del Vaticano contra las tesis del pensador.

nihilismo ontológico y de relativismo moral a todos los niveles. A un clima tal los más conscientes adherirán por compartirlo o por filiación cultural; las multitudes lo harán porque están sometidas a una nefasta pseudo-cultura traducida a las formas más incitadoras de la moda. Sólo cuando el proceso haya llevado a la extrema extenuación la civilización humana, una verdadera obra alquímica de transmutación maléfica, los tiempos estarán maduros para el cumplimiento del *opus nigrum*, la parousía oscura, tenebrosa del Anticristo.

Una figura mucho más tenebrosa que el Diablo, íntegramente antagonista de Dios, destinada a actuar de manera tal de recoger los frutos del mal difuso, de la epidemia malvada que se manifiesta en un clima de aparente normalidad. El profeta que habría de aparecer como un nuevo Cristo, sería acogido como camino, verdad y vida. Y, bajo estas apariencias, sus virus serían diametralmente opuestos a los fermentos que trajo Cristo en la historia: en su especularidad al Logos-Cristo-Jesús que representa la plenitud del ser, el Pleroma cristiano (*omnia per ipsum facta sunt*), el Anticristo representará la Nada del ser y la Nada del espíritu. No ya el diablo que separa,[37] y que hemos visto dialécticamente en relación con Dios, sino Aquel que unifica en la nada, que establece en el mundo el reino del Mal, especularmente opuesto al Reino de Dios. Al Camino, a la Verdad, a la Vida, se opondrán el extravío, el engaño, la muerte del espíritu. A la Transfiguración, la deformación; a la Resurrección, la muerte sin retorno; a la Ascensión, el precipitarse en el abismo. La "*simia Dei*" ha llegado a nosotros.

Buena parte de la cultura contemporánea trata de remitir la figura del Anticristo a los miedos apocalípticos que, de vez en cuando, emergen en la civilización judeo-cristiana. Se trata de "actualizar" el Anticristo reconduciéndolo a las vicisitudes de una determinada situación histórica: para nosotros, hombres y mujeres de hoy, la "leyenda"[38] del Anticristo podría ser un "epítome del mal humano", una fuerza inmanente en el interior del ánimo de cada uno, podría ser fruto del imaginativo mundo de sectas como

---

37 Efectivamente, se hace derivar su nombre de δία-βαλλο, que significa "separo", o bien "lanzo", porque sus tentaciones son verdaderas lanzas que irrumpen para desbaratar el orden divino de las cosas. Debo esta última interpretación a Giuseppe Benelli, de la Universidad de Génova, a quien agradezco por las innumerables acotaciones de meditación y profundización con las que me honra.

38 Así se expresa repetidamente Bernard McGinn en *L'Anticristo*, Milano, 1996.

    ¿Quién eres, oh, Señora? La búsqueda de Dios de un gnóstico contemporáneo

las de los premilenaristas. Una explicación de esta tendencia reduccionista respecto del problema del Anticristo fue intentada por Augusto Placanica, quien suele afirmar que hoy no se puede dar ninguna tensión escatológica porque en nuestro tiempo, que se ha inhibido de imaginar el futuro escrutando los signos de los tiempos, "la esperanza está muda".[39]

La identificación del Anticristo con hombres del propio tiempo es una tentación –y un grave error– recurrente a través de los siglos. Se vio en Apolonio di Tiana, a quien denominaban "el Cristo pagano", en Nerón, en Diocleciano, en la figura nobilísima de Juliano, llamado "el Apóstata", en Federico II. A propósito de este emperador, *stupor mundi*, vale la pena notar que muy arbitrariamente se quiso identificar la suerte de la civilización con la del poder temporal de la Iglesia de Roma. Fue un *contrapassum* merecido el hecho de que fue después el papa de Roma aquel a quien se vio como Anticristo en tiempos de la Reforma.

Más cerca de nosotros, se creyó identificar el Anticristo en Hitler, en Stalin, en un jefe existente o futuro de la China comunista. Y son todavía muchos, sobre todo, los de matriz fundamentalista, quienes temen que en el futuro asome un líder capaz de unificar los países islámicos para dirigirlos contra el Occidente cristiano (¿es aún cristiano?).

Pero, ¿puede ser un hombre, aun el jefe de una gran potencia o coalición militar, el que destruya con la violencia los fundamentos mismos de la civilización? Podrá destruir sus vestigios exteriores, y en esta obra la capacidad de destrucción ofrecida por las armas nucleares no es tan distinta, si se compara con la extensión y difusión de estos vestigios en el mundo, respecto de la capacidad de devastación de los ejércitos de Vitige, Totila, Teja, Narsete y Belisario durante la guerra gótico-bizantina contra los vestigios existentes en el siglo VI. Como si la civilización consistiese en sus restos exteriores. Recordemos que la civilización no existía en las bibliotecas de la Roma después de su caída, en las ermitas y en las ciudades desoladas de aquella itálica *dark age*, como no reside en los museos, en los establecimientos y en las infraestructuras de nuestro tiempo. De hecho, en la Italia desolada de la segunda mitad del siglo VI volvieron los monjes y los sabios provenientes de Bisancio (que, dicho sea de paso, mil años después habrían de ver otro Anticristo en Mahoma II al Fatih). No obstante, la civilización bizantina habría de ser el fundamento del Humanismo occidental. Así pues, en la hipotética desolación de un conflicto nuclear, sobreviviría un hombre de cultura que reuniría en torno de sí a algunos jóvenes a quienes transmitir

---

39   Citado por Paolo Portone, *L'ultimo Sigillo*, Milano, 1999, pág. 120.

los restos de su memoria; sobreviviría un aedo que cantaría algún verso de Dante, de Shakespeare, de Goethe, cuyos fragmentos hablarían el lenguaje de la civilización, como hoy los pocos fragmentos de Arquíloco nos hablan con potencia de la civilización helénica; alguien trazaría los diseños de lo que fue una arquitectura perdida o reconstruiría laboriosamente una fuga de Bach, un tema de Mozart. Pero, sobre todo, sobreviviría un iniciado, aun uno solo, que hablaría, como un nuevo Quirón, a los jóvenes del mundo desolado, de verdades remotas, de una sabiduría continuamente perdida y perennemente renaciente.

Y con esto la civilización resurgiría de sus cenizas.

Así pues, no debemos temer a un hombre, un destructor, un productor de catástrofes materiales: de éstas, la civilización renacería a la búsqueda de la Palabra perdida y en el surco de la Filosofía perenne.

Debemos temer la manifestación del Mal, ya sea una manifestación colectiva, ya sea encarnada en un individuo: para el Mal la pérdida del sentido de lo sagrado constituye el "río anticrístico"[40] que fluye mediante pasos imperceptibles. Debemos temer a los Arcontes de este mundo que Bonvecchio describe

> "sutiles como la lógica, proteiformes como el pensamiento, fríos como el razonamiento, cínicos como el conocimiento científico, irreductibles a cualquier poder superior … [Ellos] segregan la sutil droga que envuelve al siervo, ilusionándolo con ser un señor".[41]

Debemos temer sobre todo a aquellos que, entre los Precursores del Mal, revelan una peligrosa cercanía respecto de las temáticas más abiertamente religiosas, los más sutiles, como el ya citado Bernard McGinn, pero, especialmente, a quienes interpretan la Palabra –y los hay en el seno de la Iglesia de Roma– eliminando de ella lo sobrenatural, reduciéndolo a símbolos para leer desde perspectivas puramente humanas. Es el espíritu de la mentira que opera incansable también en el interior de la Iglesia de Roma. Esto debemos temer, el espíritu de la mentira que no afirma abiertamente el mal sino que deforma el bien, reduciéndolo a algo humano y terreno, negando sus ascendencias religiosas y las que se enlazan con la Filosofía Perenne. Si prevaleciera, la humanidad sería en apariencia feliz, satisfecha quizá en sus exigencias materiales, privada de toda perspectiva

---

40   Baget Bozzo, G., *L'Anticristo*, Milano 2001, pág. 51.

41   Palabras de Bonvecchio, C., en su Introducción a De Turris, G., *Come sopravvivere alla modernità,* Milano, 2000.

espiritual, sorda a lo sagrado, preparada para obedecer a la verdadera *simia dei* porque ella tendrá el rostro del amigo, del *philos*, del pacificador en la muerte del espíritu.

¿Es éste el destino de una civilización sin religión, de nuestra civilización? No mientras haya hombres capaces de combatir la Nada (el Mal) con las armas del espíritu, mientras haya quien reivindique la búsqueda de Dios (aun si su búsqueda es distinta de la mía), mientras permanezca el eco poderoso del sacrificio de Florenskij, del pensamiento de Jünger, de Elémire Zolla, que considera "todavía actual la idea del santo". No es, entonces, el destino de nuestra civilización el del hombre como es, sino el del hombre como puede llegar, a condición de que siga los caminos del Espíritu.

Creemos que el hombre debe reencontrar en sí mismo los valores de "la grandeza, de la calidad y de la sustancia cuya desaparición es el síntoma que caracteriza la edad del nihilismo", como decía Ernst Jünger que, en otros escritos, indicaba el arma con la que combatirlo: "sólo mediante la pura fuerza del Espíritu: trino y uno son la Palabra, la Libertad y el Espíritu".

Son los valores de la grandeza, la calidad y de la sustancia, la fuerza pura del Espíritu. Con ellos es posible renovar la idea que Zolla define en el "Santo", pero que, en realidad, se refiere al hombre que se perfecciona y eleva no solamente su acción, su moral, sino, y sobre todo, su esencia, su Yo originario, que sabe que a cada momento estamos llamados a tomar la decisión importantísima: elegir entre el camino que conduce a la muerte y a la oscuridad del espíritu y el que lleva hacia la luz y la vida. Sobre el camino que lleva hacia la luz y la vida, se ubica el menos "consolatorio" de los filósofos contemporáneos, el Wittgenstein que, en el *Tractatus* escribe:[42] "De aquello sobre lo que no se puede hablar, se debe callar". Se sitúa en ese camino con una proposición aparentemente enigmática: "existe lo inefable. Eso se muestra, es lo Místico". Para el filósofo del análisis del lenguaje, ¿qué significa "lo Místico"? ¿Qué quiere decir "inefable" para quien había recomendado el silencio "sobre aquello de lo que no se puede hablar"? Quizá todavía no se ha calado hondo en esa proposición.

La inefabilidad no pertenece a la doctrina del lenguaje; antes bien, ésta debería excluirla. Aun así, lo inefable "es"; constituye una categoría del espíritu o bien una categoría del Ser. Y, aun siendo inefable, "se muestra", es decir que se manifiesta, se le hace evidente al hombre de manera distinta de lo expresado en el lenguaje. Por tanto, éste no agota las modalidades de

---

42 Wittgenstein, L., *Tractatus logico-philosophicus*, trad. it. de A. G. Conte, Torino, 1989.

manifestación de lo que "es". La manifestación de lo Místico al hombre tiene lugar por un camino distinto de la vía del lenguaje, y el hombre, que está vinculado a la inefabilidad de lo Místico, "no puede hablar de ello", pero sin embargo puede percibirlo en cuanto que "se muestra".

Lo Místico, la categoría que está más allá de la realidad perceptible por el hombre, esa realidad que forma el único objeto de su lenguaje, es una categoría que pertenece, pues, a un sistema en el que la manifestación, el "mostrarse" se realiza en formas distintas de las del lenguaje, ese lenguaje cuyos límites, para el filósofo, "significan los límites de mi mundo".

¿Es, entonces, lo Místico una realidad que existe más allá de nuestro mundo? ¿Tenía razón, entonces, Elmire Zolla cuando le dio a un magistral libro suyo el título *Salid del mundo*?

Si "los límites de mi mundo" significan "los límites que he alcanzado", o sea, si los límites de mi mundo son superables, entonces, es correcto buscar una salida, una superación de esos límites, para que mi mundo se dilate, hasta comprender cosas de las que antes no se podía hablar y que ahora se tornan expresables. El límite no es necesariamente una barrera insalvable; es un *Landmark* a superar: la Palabra perdida se puede reencontrar.

En el límite del mundo del hombre, existe, pues, la "posibilidad evanescente" de algo que no puede constituir objeto del lenguaje factual, pero que, no obstante, "es", puesto que "se muestra".

Es un límite que el hombre puede superar. Más adelante veremos cómo.

3

La alternativa salvífica. Lo sagrado

En el hombre existe la exigencia, a menudo ignorada o conscientemente negada, de la "belleza y nobleza de lo sagrado". Estoy seguro de que la belleza existe antes del hombre, si es cierto que Dios mismo se complació de su Su creación en cuanto la hubo terminado[43] e incluso cuando se la recordó a Job,[44] y de que hay un nexo profundo entre la belleza y la bondad. Así dice David en muchos de sus Salmos, como el 19 y el 113, que cantan la belleza de la Creación y la misericordia de Dios para con los hombres. Significativo es el Salmo 111 que dice: "Grandes son las obras del Eterno, buscadas por todos aquellos que se deleitan en ellas". Este "deleitarse" es un paso en el camino del espíritu. Hoy disponemos de un tesoro tal de obras de arte que bien podemos deleitarnos en ellas. De hecho, muchas son el reflejo de la obra de Dios y muchas introducen al hombre a la consideración del misterio y de la belleza que existe en la Creación.

No es casual que Plotino afirme que la emoción que despierta en nosotros la belleza y lo sublime nace del hecho de que el elemento sensible que toca al ojo despierta una visión del espíritu.

Luca Pacioli habló en la *Divina Proporción* de las cualidades místicas de la sección áurea, gracias a la que, como señala Elèmire Zolla, "la pintura llegaba a obtener la misma dignidad mística que había tenido la música en virtud de las proporciones pitagóricas".[45] Y hasta anota que la pintura renacentista italiana adquirió valencias neopitagóricas en la forma como en la figuración o representación.

Pero todavía en la primera mitad del siglo XX, Salvador Dalí, con su Crucifixión –*Corpus Hypercubicus*– a propósito de la cual discutió con los

---

43 *Gen.* 2.

44 *Job* 38-41.

45 Zolla, E., *I mistici dell'Occidente,* vol. II, Milano, 1997, pág. 42.

matemáticos de la Brown University, retomó la unión entre geometría y misticismo que había teorizado fray Luca Pacioli casi quinientos años antes.

Hay otro cuadro que también impresiona por la implícita mística que va más allá de la representación: es *La isla de los muertos*, pintura a la que el autor dio el subtítulo de *Un cuadro para soñar*. Esa isla emerge de un mar lívido y hacia ella se dirige una figura vestida de blanco en una pequeña barca que atraviesa aguas profundas, dirigiéndose hacia la isla rocosa. En la barca hay un objeto que podría ser un ataúd. En las tres versiones que hizo Böcklin, se nota una progresiva ruina de la isla, cada vez más rota, como una progresión hacia la muerte de la misma isla, además de sus evanescentes habitantes.

El mismo título, *La isla de los muertos*, tiene una sugestiva composición de Sergej Rachmaninov, también ella impregnada de ese color lívido (sí, la música tiene un color) y de ese tormentoso sentido del fin, de la ruina, que impregna el cuadro de Böcklin.

Es verdad, pues, como indicaba Elémire Zolla, que existe un nexo –y el ejemplo traído a colación no es el único– entre arte figurativo y música: que de todas las artes es la más espiritual, porque no "existe" hasta que es ejecutada y "no existe más" no bien se apaga su eco. Y es la que mayormente acerca al hombre al misterio cósmico, si es cierto que algunas composiciones musicales, las más inspiradas, evocan esa música perdida que sostiene por un instante al músico, la armonía arcana y cósmica de las esferas.

Es la música de la que habla Athanasius Kircher, "la maravillosa armonía de los cielos", de la que Kepler dice: "El esplendor de las estrellas crea la melodía, la naturaleza sublunar danza al ritmo regular de esta melodía",[46] la música que escucha Escipión mientras en sueños visita el Templo celeste con sus órbitas planetarias y exclama: "¿Qué es esta música tan poderosa y dulce que colma mis oídos?".[47] Es la música que Kircher atribuye directamente a Dios, "el Gran Afinador", según el apelativo que le reconoce Robert Fludd.

Y, en los momentos de más alta inspiración del músico, la música *instrumentalis* que nosotros escuchamos, según Severino Boecio es sólo un débil eco de la música mundana o cósmica que, a su vez, evoca la música divina de los nueve coros angélicos. Como observó Elèmire Zolla:

"…se está en armonía con el canto y con la luz de la que proviene todo lo creado, se oye el concierto de las esferas celestes. La esencia de este

---

46   Las dos citas han sido extraídas del libro *Alchimia e Musica,* edición de Alexander Roob, Colonia, 1997.

47   Cicerón, *Somnium Scipionis* 1.

canto es la justa relación entre los sonidos, es decir, la serie de relaciones numéricas que constituye una nota, porque cada vez que resuena una nota musical, se encarna algo misterioso; un modelo mínimo de la creación (…) es evocado el principio mismo de la creación, la música de las esferas".[48]

Sí existen músicas que Boecio llamaría "instrumentales", compuestas por músicos que tuvieron en ese momento de su creatividad el privilegio de asomarse a las dimensiones superiores: baste pensar –y éste es el ejemplo más obvio– en el Alleluiah del *Messías* de Haendel, cuyo misticismo percibió el Rey Jorge II quien, al oírlo, se puso de pie comenzando así una tradición de homenaje que dura todavía hoy. Pero recordemos, siempre del gran Haendel, el coro "Let the Bright Seraphim", de *Sansón*, y de su contemporáneo Bach la vertiginosa cadencia para clavicémbalo solo del Quinto Concierto de Brandeburgo.

Y de la unión música-poesía, Zolla, el "conocedor de misterios" recuerda cómo Dante asigna a la música un lugar preeminente en la descripción de su ascenso al Empíreo. En los cantos XXX y XXXI del Purgatorio Dante describe precisamente este proceso; de ellos Zolla dice que "evocan la iniciación".

Un estudioso contemporáneo, Giuseppe Mortara,[49] distingue en la *Divina Comedia* los cantos monofónicos, o unísonos, de los complejos cantos polifónicos que encontramos, sobre todo, en el Paraíso. Muy difícilmente la música podría encontrarse en el Infierno, lugar donde el espíritu está apagado y muerta la armonía de las esferas. Aquí, en efecto, se procede en todo caso hacia un progresivo silencio, desde "palabras de dolor, acentos de ira" en las orillas del Aqueronte, hasta el inarticulado "pape Satàn".

El canto polifónico es el que mejor expresa la complejidad de las relaciones numéricas en la música: ya en el Purgatorio es el canto triunfal de *Veni, sponsa, de Libano,* del *Benedictus qui venit,* del *Manibus o date lilia plenis.* Y en el Paraíso se pasa del canto a dos voces en el VIII (*"e come in voce voce si discerne / quand'una è ferma e l'altra va e riede"*) al más rico de símbolo y de significado del *Osanna* del Canto XXVIII, donde los nueve coros angélicos se subdividen en tres jerarquías que cantan simultáneamente en tres melodías diversas. Citando a Sapegno, señala Mortara que "con esta subdivisión se multiplican sucesivamente por nueve, tantos

---

48   Zolla, E., *Uscite dal mondo,* pág. 371 y ss.

49   Mortara, G. "I Canti polifonici nella Divina Commedia", en *Sotto il Velame,* Cuadernos IV y V de la Associazione Studi Danteschi e Tradizionali, Torino, 2004.

como son justamente los coros angélicos. Esto da por resultado una potente y grandiosa polifonía coral en nueve partes, todas distintas y a la vez armónicas entre ellas".

Con todo, es cierto lo que señala Rudolf Otto[50] acerca de que la manifestación de lo Sagrado requiere que la música calle de improviso, o se reduzca a un susurro: a los momentos más sagrados la música más alta les puede otorgar expresión solamente apagando el sonido: es "el silencio ante Dios", es "el susurrar quedo de todas las potencias de lo alto". Puede ser el eco de las potencias celestes el que resuene en la música humana, pero ese silencio nos advierte que "a través de muchas espirales resuena el eco esas dulcísimas voces. Y éstas son quizás esas voces que sintió Juan emitirse desde el Trono… Truenos de dolor, relámpagos de amor y voces de armonía proceden del Trono de la Cruz de Cristo".

Son palabras del más mundano de los escritores que culturalmente se encuentran entre los siglos XVI y XVII, Giambattista Marino, muy contrario, por lo demás, a cuestiones místicas salvo en las "Habladurías sagradas", en las que se encuentran estas palabras reveladoras.[51]

Así pues, la experiencia estética, cuando está correctamente vivida, constituye un paso en dirección al espíritu. Pero para proseguir en un Camino, se torna necesario considerar que la meta final, la culminación del Camino, es Dios.

Hay quien fundamenta esta consideración sobre la fe. Pero ¿qué pasa con quien no ha recibido la gracia de la fe? ¿Acaso permanecerá siempre lejos de Dios? No lo creo. Quien advierte nuestra limitada condición de seres tridimensionales para concebir un Cosmos de dimensiones crecientes hasta la dimensión infinita, quien cree en la vida verdadera más allá de la muerte del cuerpo físico, ése no puede negar que en la dimensión infinita habita un Ser ya sin dimensiones, omnipresente, omnisciente, Señor del tiempo precisamente porque está fuera de él, es decir, Dios. No cabe responder que ésta es una de las variantes del argumento ontológico, el que coloca el pensamiento a priori, en "*id quod maius cogitari nequit*" el argumento que sostiene la existencia de Dios. No es un pensamiento a priori, porque parte de la consideración de la condición humana y de la concepción del Universo, y llega a Dios por grados sucesivos, por escalones, que son los de la Escala de Jacob. No hay fe, no hay argumento; existe sin embargo la certeza de que Dios existe, y reina porque es infinito.

---

50   Otto, R., *Il Sacro*, ed. it. Milano, 2009, pág. 84.

51   Citadas por E. Zolla en *I mistici d'Occidente*, *op. cit.* nota 45, vol II, pág. 160.

Mi certeza se mueve en un plano cósmico: el ideal del bien y el de la justicia son consecuencia de nuestra certeza de Dios, no porque le atribuyamos a Él el sentido del bien y de la justicia como lo entendemos nosotros en este mundo nuestro, sino porque el bien y la justicia son, entre los otros deberes del hombre, una traducción en términos terrenos de lo absoluto de las características incognoscibles de Dios.

Estas características son consecuencia de su ser infinito: como el punto euclidiano, que no tiene dimensiones, así para Dios el tiempo se concentra en un único punto; de ahí su omnisciencia de las cosas que colocamos en el pasado y en el futuro; de ahí su omnipresencia, presente en todas partes y en cada lugar del Cosmos, en cada plano o dimensión del Cosmos, en cada momento. Así se pueden explicar los atributos que el Catecismo tridentino afirma que son propios de Dios.

Dios es, en su esencia, incognoscible para el hombre mientras éste se halle en esta tierra: y sólo cuando se nos admita "más arriba", lo conoceremos, y este conocimiento nos dará la definitiva salvación: no inmediatamente después de la muerte, sino después de un recorrido que comienza en esta vida y está destinado a proseguir, no sabemos cómo ni por cuánto, hasta que lleguemos a ver su verdadero Rostro.

Si la fe es aceptación de las cosas que son inalcanzables para nuestro intelecto, entonces, lo que acabo de enunciar no es una fe. Es una certeza que va más allá de la razón humana; no es sólo racional, y sin embargo, nace interiormente, como hemos visto, hasta de la consideración de lo bello en cuanto espejo de lo verdadero y del espíritu y desemboca en el sentido de lo sagrado.

La grandiosidad de ciertas ceremonias religiosas (aunque ahora ya no las hay, casi). El canto gregoriano, especialmente si proviene de un coro escondido en la penumbra del ábside de una iglesia, el vertiginoso impulso ascensional de las catedrales góticas, la vibración del órgano y sus notas más profundas... todo lo que de alguna manera nos lleva a Dios, inspira en nosotros el sentimiento de lo sagrado. Es el sentimiento que Rudolf Otto sintetiza en el hecho de que el individuo se refiere primaria y directamente a un sujeto fuera del yo. Es el volverse del espíritu a algo divino, misterioso y fascinante, ante el cual el hombre comprende que es criatura. Es una comprensión que sigue la intuición de que eso divino y misterioso es, por naturaleza, inaccesible. Y entonces experimenta las sensaciones de la *tremenda maiestas*, del *mysterium*, de la inaccesibilidad del *numen*.[52] Ello no está acompañado necesariamente por el sentimiento de la propia nulidad, cosa que tiene lugar en los estados de intenso misticismo que, en mi opinión, no son para nada necesarios en la reflexión religiosa (en el lugar de Abraham, yo no habría dicho a Dios que soy "polvo y ceniza";[53] respetuosamente, con temor y temblor, habría reivindicado mi condición de hombre, Su criatura). Pero seguramente habría un sentido de fascinación que potencia y no anula las facultades racionales y que impulsa a la mente hacia territorios inexplorados. En esos territorios, el hombre es profano frente al *numen*, reconoce la inconmensurable distancia que lo diferencia de él, la plenitud de un "valor no superable e infinito".

Y no pide más que conocer lo que ha intuido: aquí radica la tensión religiosa del gnóstico.

---

52 Otto lo expresa con una riqueza y profundidad de análisis que aquí es imposible resumir, en *Il Sacro*, *op. cit.*, págs. 34-43.

53 *Gen.* 18, 27.

4

LO SAGRADO, LA SALVACIÓN, LA VÍA DEL CONOCIMIENTO

Al cerrar el capítulo tercero, y sólo a esta altura de mi exposición, he usado el término "gnóstico", deliberadamente. Pero el lector avisado habrá captado ya algunos aspectos propios del gnosticismo en ciertas observaciones de los capítulos precedentes.

Puede parecer anacrónico ser gnóstico hoy. No es el gnosticismo de la remota forma de religión, sea ella una herejía nacida en los orígenes del cristianismo; ¿y si fuera más bien un acervo de creencias, mitos, fragmentos de una religiosidad aun más antigua?

¿Tiene sentido hablar de un gnosticismo actual, en el desolador panorama que muestra la espiritualidad apagada, el relativismo ético y gnoseológico imperante, de la Iglesia de Roma (pero un poco de todas las iglesias históricas), en la afanosa persecución de una actualidad que parece querer excluirlo? Sí, lo tiene. Precisamente por estas razones negativas, precisamente porque la crisis del hombre de hoy se puede superar sólo con un suplemento del alma; precisamente porque las instituciones, religiosas y civiles no dan las respuestas esperadas; precisamente por esto es necesario un salto de orgullo intelectual, el que impulsó a los gnósticos de entonces a plantear la salvación del conocimiento, a destinar al hombre a abismarse en Dios, a privilegiar las formas de religiosidad individual –si se quiere elitista– respecto de la obediencia colectiva a los dogmas y a la casta sacerdotal.

¿Se alude a los gnósticos de antaño, o acaso a los hombres libres de todos los tiempos, que anhelan la Gnosis, que fueron, son y serán la élite espiritual de cada siglo? Porque en todas las épocas, desde que la divina Ruan impulsó al hombre a elevar los ojos al cielo y a concebir el pensamiento abstracto, el pensamiento de Dios, algunos han elegido recorrer un camino solitario, una búsqueda individual, han rehusado las teologías de las religiones oficiales, se han sentido solos… solos pero en tensión hacia el Sol.

Ciertamente, esta actitud de orgullo y de coraje intelectual y espiritual asume diversas formas en el tiempo, en relación con el clima cultural en el que, aun separándose de él, están inmersos.

He aquí la razón por la que el gnosticismo de hoy no puede ser el gnosticismo pre-cristiano, helenístico, cristiano, altomedieval. Será idéntico el temperamento espiritual, la tensión, la búsqueda del conocimiento, la aspiración al momento irrepetible, divino –humano-divino– de la Gnosis. Pero el hombre de hoy dispone de los instrumentos de la cultura moderna; nótese, con todo, que no siempre son eficaces y, mucho menos, más elevados que los instrumentos de los que podía disponer un sirio que elevaba los ojos desde el desierto. Pero de la cultura moderna no puede prescindir, no debe prescindir si quiere convertirse también en un elemento vital de ella, el germen de un futuro rescate, el ejemplo de todos aquellos cuyo espíritu calla, o peor aún, repite sin convicción las fórmulas ajenas.

Es inmutable, sin embargo, el sentimiento de lo Sagrado, inmutable sólo para quien "está en el espíritu", como advierte Rudolf Otto, y precisamente por ello destinado a ser ejemplo de todos aquellos cuyo espíritu, como podemos comprobar en la experiencia cotidiana, calla.

Y no puede prescindir, aquí, en Occidente, de dos mil años de cristianismo, no el cristianismo modelado por innumerables Concilios, desde los que convocaba el emperador de Bisancio hasta aquellos con los que la Iglesia intenta torpemente perseguir la actualidad. Pero se trata del cristianismo de las Palabras originarias del Fundador, el cristianismo sentido por aquellos que se habían encontrado, por fortuna para ellos, próximos al Fundador o a sus inmediatos sucesores y discípulos. Y también el cristianismo que habla al espíritu del hombre durante la oración interior y silenciosa, la que la actual liturgia católica vuelve imposible, sustituyéndola por cansadoras fórmulas repetidas colectivamente, el cristianismo de las ermitas y de los santuarios en el campo, el sentimiento religioso, el de la religiosidad del Libro, que hace repetir con el salmista, "los cielos cantan la gloria de Dios y el firmamento anuncia la obra de Sus manos".[54]

Será, entonces, más correcto, de aquí en más, hablar de *neo-gnosticismo cristiano*, libre de fórmulas y dogmas, no sometido a jerarquías, solitario, inseguro en sus pasos, a veces desesperado y otras exaltado, un vuelo, el vuelo solo hacia el Sol.

Por eso parecen anacrónicas las objeciones que plantea al gnosticismo Humberto Eco y que el Padre Antonio Gentili retoma en su libro *En*

---

54 *Salmo* 19, 1.

el Misterio.[55] El esquema de Eco confunde el gnosticismo de la antigua doctrina, aquel contra el cual arremetió Ireneo, con una actitud espiritual en relación con la búsqueda religiosa que no tiene edad. Gentili dice que "al menos uno de los síntomas de la perpetua enfermedad (sic) gnóstica se encuentra en el masón, en el marxista-leninista, en el adepto a sectas y cultos orientales, en el fascista místico lector de Evola y de Guènon y en otros "enfermos" del pensamiento contemporáneo. Ignorando, o superando, el tono deprecatorio con el que estas categorías se enumeran y confunden entre sí, debemos decir que entre todos los "enfermos" se omite uno: el cristiano creyente que, superando la fase del dogma y de la fe ciega, eligió un camino que pocos transitan y es laborioso, a veces doloroso pero exultante, el camino de la salvación a través del conocimiento de Dios. No el gnosticismo secreto del que habla Eco, no la convicción de que la Historia sea una progresiva caída, no la irresponsabilidad del hombre frente al mal, no el sectarismo. Quizás haya personas que se proclaman gnósticas remitiéndose a las antiguas mitologías de la Pistis Sofía o de Simón Mago, pero no son ellas las que representan una actitud gnóstica moderna que es sólo búsqueda solitaria, libre, no sometida a autoridad alguna. Es éste el neo-gnosticismo cristiano del que hablamos aquí, basado sobre verdades fundamentales del Cristianismo y sobre palabras del Libro.

Hemos dicho ya que una lucha en el seno de la Iglesia católica (o de cualquier otra Iglesia) no es de nuestro interés. Es justa y oportuna la aspiración que alientan algunos estudiosos de sustraer a la teología de la dictadura magistral; se trata de una teología necesariamente eclesial. Pero, para quien ha elegido el camino solitario, la cuestión reviste una importancia completamente marginal.

¿Es posible una búsqueda teológica (en el sentido etimológico de la palabra, búsqueda sobre la naturaleza de Dios y sobre el camino para encontrarlo) que se lleve a cabo individualmente? Según algunos no es posible: quien piensa poder prescindir de la dimensión institucional de la Iglesia pecaría de ingenuidad. ¿Es posible conciliar la libertad de búsqueda con la obligatoriedad del dogma, con el deber de obediencia, con el concepto mismo de jerarquía humana? Firmemente considero que no: contra el instinto de conservación de todas las instituciones humanas, incluidas las iglesias, choca cualquier búsqueda espiritual libre.

---

55   Cf. Gentili, A., *Dentro il Mistero*, Milano, 1993, pág. 76 y ss.

Augurar una búsqueda libre permaneciendo en el ámbito de una Iglesia significa desconocer la imposibilidad histórica y humana de semejante condición.

Vuelvo, pues, a mi soledad de libre investigador del Espíritu, libre de vínculos dogmáticos y de barreras autoritarias. El lector de estas páginas encontrará en ellas muchos errores y contradicciones, pero al menos habrá de concederme una indefectible esperanza: la de llegar a la gnosis, sabiendo bien que pocos serán los elegidos destinados a traspasar la puerta estrecha que conduce, a través de un recorrido de Luz, al conocimiento-unión, muchos los cansados y los derrotados a lo largo del camino; la promesa vale para pocos y éstos saben afrontar con igual serenidad y coraje el triunfo y la derrota.

La puerta estrecha de la que ha hablado el mismo Jesús: "La puerta es estrecha y angosto el camino que conduce a la vida; pocos son los que lo encuentran!". Es la Puerta de los iniciados, como se llama una de las entradas a la Catedral de Chartres, es la puerta que Dante ubica en el ingreso del Purgatorio, que el Ángel abre con las dos llaves, la de plata de los pequeños misterios y la de oro de los grandes misterios. *"Di fuor torna chi indietro si guata"* ("Quien mira hacia atrás, vuelve a salir", Purg. IX, 132), advierte el Ángel, porque toda duda, todo lamento por la condición precedente, aun inmerecido, lleva a la desdichada condición de Orfeo que pierde a su Eurídice porque ella se había vuelto atrás; de la mujer de Lot, que por lamentarse de la ciudad de los hombres perdió el camino de la Jerusalén celestial.

Esa puerta es estrecha porque de las cosas de Dios se debe hablar "no con las palabras sugeridas por la sabiduría humana sino con las que enseña el Espíritu", que están reservadas a las personas espirituales.[56] Palabras que no todos pueden entender, y que Jesús reservaba en privado para sus discípulos, no teniendo necesidad de dirigirse a ellos mediante parábolas.[57] No a todos, pues, sino sólo a los que escuchan al Espíritu que en ellos "sopla", está reservada la vía que pasa por la puerta estrecha. Y el camino de un instrumento a la vez aterrador y consolatorio, el instrumento del *conocimiento*. A éstos, que habiendo interiorizado el Logos tienen la llave para acceder a la mente iluminada, como dice Eugnostos, está reservada la ascensión que es, a la vez, desafío. Es el encuentro con los Arcontes, que ponen a prueba la determinación del hombre que desea subir la Escala,

---

56   *I Corintios* 2, 13.

57   *Mateo* 4, 33, 44.

realizar en sí mismo la Gnosis iluminante que devuelve al hombre, en un segundo nacimiento, la unidad perdida, para introducirlo en una unidad sin grandeza ni dimensiones,[58] la realidad superior.

Superando la teología negativa o apofática, según la cual Dios no se puede significar con palabras ni puede ser comprendido por el pensamiento (*Deus est qui sola ignorantia mente cognoscitur*),[59] el hombre puede, entonces, acceder al conocimiento y ensimismarse con Él. No se habla, pues, de conocimiento sensorial, tampoco intelectual, sino de ese tipo de conocimiento que Huxley llama "conocimiento unitivo", que Rudolf Otto define "la potencia y el nivel superiores, no extraíbles en el primer estadio de la mera receptividad, [porque] pertenecen... al profeta, o sea a aquel que posee el Espíritu como posibilidad de la 'voz de lo íntimo' y de la adivinación, y lo posee como fuerza productiva".[60]

No es la *henosis*, porque este estado del hombre está constituido por un proceso interior de renuncia a la propia voluntad para entregarse totalmente a la voluntad de Dios, de aniquilación total de las propias facultades para recibir la Gracia. Y esto a imitación de Cristo, que habría renunciado a las prerrogativas de su divinidad, aceptando la encarnación hasta la muerte.

Acerca de la encarnación, creo que es aceptada por todos la idea de que el Hijo, encarnándose en la tierra, conservó la divinidad que le era propia desde el principio (εv αρχη hv o *Logoς*); no tenía necesidad de despojarse de su divinidad y no lo hizo, aceptando, en cumplimiento de un plan divino –y por eso también Suyo– un ropaje humano del cual, por lo demás, enseguida se despojó para volver a su trono. Y, puesto que la voluntad divina es una, y uno su plan, no tenía necesidad siquiera de ejercer una "obediencia" al Padre.

Debo decir que no aprecio mucho el concepto de *hénosis* humana: ella implica una total pasividad del espíritu respecto de Dios. Puede darse –los designios de Dios son inescrutables– que eso dé al hombre algunos dones (la Gracia). Pero vaciándose de sí mismo el hombre no podrá nunca ser el deuteragonista de ese proceso de conocimiento-ensimismamiento que el gnóstico considera su destino supremo. En términos análogos ya me expresé a propósito del éxtasis místico, algunas veces un verdadero proceso de conocimiento (la *nuit de feu* de Pascal), pero más a menudo un estado de conciencia alterada que es de atribuir al régimen de vida y a la exaltación

---

58   Hinton, Ch., cit, en Rucker, L., *La quarta dimensione*, Milano, 1994, pág. 246.

59   Véase la Introducción, en la pág. 42, de Paolo Lucentini al *Liber vigintiquattuor philosophorum*, proposición XII, ed. it. Milano, 1999.

60   Otto, R., *Il Sacro, op. cit.*, pág. 182.

producida por las oraciones, el ayuno, la castidad: recuérdese la estatua del Éxtasis de la Beata Alberoni, de Bernini, perfecto ejemplo de orgasmo erótico más que de éxtasis místico.

No hablaría, pues, de henosis, porque también ella pertenece a los procesos de humillación que el hombre puede experimentar desde siempre ante Dios y ante su tremenda majestad: Dios proclama a Isaías: "Y soy el Señor y no hay ningún otro. Formo la luz y creo las tinieblas, hago la paz y creo la adversidad: yo, el Señor, cumplo todo esto", a lo cual Isaías responde: "Verdaderamente tú eres un dios escondido, dios de Israel" (*Is.* 45, 7 y 15).

Y de este sentimiento de lo inaferrable y de la aplastante superioridad de lo divino nace en el hombre el deseo de conocer al Dios escondido, la certeza (¿o sólo la esperanza?) de que el hombre puede alcanzar estados superiores de conocimiento, hasta abismarse en Él. Un místico medieval dijo: "No permanezcas hombre, sube más alto"; por mi parte, corregiría esa exhortación: "Puesto que eres hombre, puedes subir más alto, por tanto, debes".[61]

El camino no puede ser el del sentido de la nada y de la insignificancia, tanto menos para un hombre de hoy. No olvidemos que somos, conscientemente o no, hijos del Renacimiento y de la Reforma, del Iluminismo y de la revolución liberal. No se pueden proponer al hombre de hoy esquemas de comportamiento que pertenecen a otras épocas y a otras concepciones del ser humano. Hoy hay en cada hombre, tal vez inconscientemente, una herencia cultural hecha de libertad, de libre albedrío, de dignidad de la persona humana; hemos vivido la decadencia de la *koiívη* eclesial a favor de la búsqueda individual, del orgullo del riesgo y hasta del error (así lo enseña Giordano Bruno). No es posible para un hombre tal volver a vivir la *alienatio mentis* y la renuncia del yo que podía ser practicada sinceramente en la Edad Media.

De aquí el hecho de que no puedo aceptar el misticismo de la aniquilación de sí mismo: si lo Divino fuera percibido aun como benignidad, clemencia, misericordia, cercanía, piedad, compasión, amor, ese sentimiento de aniquilación en Dios, de "vaciamiento" que es la *hénosis*, todavía se podría justificar. Pero es una percepción de Dios que se remonta a concepciones culturales y teológicas que la sensibilidad de hoy considera insuficientes.[62]

---

61   Véase mi trabajo *Riflessioni sui percorsi della conoscenza*, Milano, 1998, pág. 145.

62   No estoy de acuerdo con V. Mancuso cuando afirma que la *hénosis* puede expresarse no sólo como absorción de la personalidad en Dios sino como deificación del hombre que conservaría su personalidad, cambiando de naturaleza, volviéndose divino, "comoquiera que se entienda este último término". Donde tiene lugar un

Si, en cambio, lo divino se considera como el estadio sumo y final del Ser, en el hombre surge el deseo, diría casi un innato sentido que deriva del Soplo recibido por Adán, de recorrer todos los estadios intermedios y de ver el rostro de Dios, de ese Dios escondido a los ojos del hombre mortal, hasta que es tal.

El Camino está, pues, fuera del ámbito de estas formas de pensamiento (octavo de no-pensamiento). En cambio, se puede ofrecer al hombre el camino de la regeneración casi alquímica o la vía de la ascensión de la que hablaban los gnósticos egipcios;[63] es un camino muy cercano al pensamiento esotérico o al proceso alquímico. Y sobre estas analogías conviene detenerse.

Adoptar una modalidad esotérica de pensamiento equivale a afrontar un mar frecuentemente oscuro y a veces tempestuoso: las pulsiones inconscientes tienden a presentarse, en forma sublimada, como si fueran señales ciertas; desde la oscuridad del inconsciente, como el dragón del Apocalipsis, llega la tentación de lanzarse hacia delante y de correr hacia ilusorias conclusiones. Se necesita, advierte Ambesi,[64] una sólida embarcación, a cuyo palo mayor, sólidamente ligado a semejanza del astuto Ulises, el iniciado pueda escuchar aun el canto de ciertas voces interiores, sin caer. He aquí aclarado, pues, más allá de la metáfora, el significado de "modalidad iniciática de pensamiento": ninguna renuncia al autocontrol más severo, tensión hacia ese mundo que se extiende más allá del velo de las formas "parafísicas" o "parapsíquicas", teniendo como punto de referencia la Filosofía Perenne o, si se prefiere esta definición, la Tradición. En la modalidad esotérica de pensamiento, el hombre está solo, y sin embargo, siente junto a sí a los grandes pensadores, a los sabios que desde el abismo de los tiempos le indican un camino que no cambia nunca y siempre se adapta al presente, precisamente, la Vía de la Tradición. Siguiendo a Elèmire Zolla, entendemos por "Tradición" ese conjunto de valores, de figuras, de mitos que constituyen el *traditum* de una generación a otra, de un pueblo a otro, de un credo religioso a otro, hasta el inicio de los tiempos, es decir, desde que el hombre concibió el primer pensamiento abstracto, desde el momento del Soplo divino, cuando Adán profirió la primera letra de Su nombre. Y, según Guénon, es la metafísica primordial, el fundamento de todas las

---

proceso interior de renuncia a la propia voluntad, no se puede conservar la propia personalidad. El segundo tipo de transformación del hombre del que habla Mancuso no es ya *hénosis*; es la Gnosis.

63   Cf. Casadio, G., *Vie Gnostiche all'immortalità*, Brescia, 1997, pág. 106.

64   Cf Ambesi, A.C., *L'Enigma dei Rosacroci*, Roma, 1990, pág. 252.

adquisiciones intelectuales y de todos los conocimientos inefables, intransmisibles. Cada hombre los conserva como arquetipos, y puede laboriosa pero gloriosamente alcanzar el conocimiento pleno de ellos. Se acerca a la regeneración alquímica: a ese proceso de contrición, de purificación, gloria que se verifica en las tres fases del trabajo del alquimista, la obra al negro, al blanco y al rojo.

Es un proceso que Dante expone cuando su viaje entra en un mundo en el que el denso entretejerse de los símbolos, de las alegorías, de las "representaciones" requiere una forma de comprensión distinta de la meramente racional que le ha ofrecido, hasta que eso bastaba, Virgilio: así Dante puede conocer otra de las figuras del *mundus*, cuando se encuentra en el jardín florecido en la cima del monte del Purgatorio: es Matilde, la que pertenece a un mundo que no es mundo físico y ya no es más el Purgatorio. Es ésta una concepción gnóstica que no por azar constituye el preludio –rico todavía más en figuras simbólicas y representaciones alegóricas– a la aparición de Beatriz. Ninguna figura más que Beatriz aparece como potencia intermedia entre cielo y tierra, ninguna más que ella pertenece a ese reino de los Seres de Luz,[65] que está entre el mundo del Hombre y el de Dios.

Ella se presenta en el ámbito de una verdadera y propia "sagrada representación", como hemos dicho, llena de figuras simbólicas y de elementos alegóricos; llena, sobre todo, de "colores" que recuerdan la aparición de la *cauda pavonis* a veces se verifica durante el pasaje de la obra al blanco a la obra al rojo.

Así pues, cabe la posibilidad de que sea viaje esotérico, recorrido de trasmutación alquímica. Lo cierto es que, en este punto, el Peregrino, si quiere proseguir la Vía, debe dejar el mundo y las modalidades de pensamiento que le pertenecen para entrar en el *mundus* y adoptar el pensamiento esotérico.

De esta manera, Dante se prepara para el encuentro divino: y, en efecto, en el mismo contexto, encuentra un ulterior elemento que remite al saber cabalístico del que era partícipe, como ya se dijo: el Carro. Todo el Canto es rico en elementos simbólicos de dificilísima interpretación: el relampagueo de una luz enceguecedora que, *"durando, più e più splendeva"*, los seres de las (seis) alas llenas de ojos, como los Serafines de la Visión de Ezequiel, las enigmáticas palabras que pronuncia Beatriz…

La interpretación de la simbología del Carro, la Merkabah, simbología cabalística de derivación gnóstica pero que se remonta a la Visión de

---

65   Sobre el Reino de Luz, véase Alberto Ambesi, "L'Eros e la Dama Celeste", en *Abstracta*, febrero 1986, pág. 16.

Ezequiel, constituye, según Sandra Debenedetti Stow, "uno de esos secretos tan profundos que hasta el hermeneuta más preparado debe afrontar con la máxima cautela".[66] La visión del Carro, desde Ezequiel en adelante, ha sido siempre relacionada con un evento de descenso de las virtudes de la Divinidad del mundo de las Sefirot hacia lo humano (*"essa radiando"*, dice Dante de la voluntad divina), de recepción de toda virtud y, finalmente, del Saber por parte del hombre. La imagen del Carro, comoquiera que se desee interpretar este elemento sapiencial y misterioso, está siempre conectada a la visión y a la teofanía.

La teofanía no es una "visión de Dios", sino más bien la salvación a través de la compenetración en los misterios de la Escritura, la percepción supra-racional de lo divino, y finalmente, a través del conocimiento directo de Dios, la identificación del hombre en Él.[67]

Pocos son capaces de afrontar la fascinación irracional de lo Numinoso, pero esos pocos son aquellos en los cuales habla el espíritu; allí donde él sopla, se reenciende el momento en el que Dios sopló sobre el barro, y consintió al ser que había formado concebir el pensamiento abstracto, ir, "más allá", "arriba".

El cristiano neo-gnóstico cree no por fe sino por haber conseguido (o porque persigue) un estado de conocimiento supra-racional acerca de algunas verdades fundamentales, y acepta tales verdades como postulados que fundamentan su búsqueda.

Más allá de éstas, subsiste el riesgo del abismo del error o bien el gozo infinito, la glorificación del yo en Dios, propias de la Gnosis. Y es un riesgo que el cristiano neo-gnóstico corre conscientemente, identificándose con el flujo de esa corriente gnóstica que nace con la Tradición, discurre invisible a través de la historia del Espíritu, cuya fuente —no albergo dudas al respecto— brota del mismo Cristo pero se enlaza con la relectura de concepciones remotas, con la cosmogonía sirio-iraní y con el culto de divinidades de los primeros indoeuropeos que Zarathustra en parte combatirá y en parte reelaborará, que prosigue con el hebraísmo, y que encontrará en los primeros siglos del cristianismo su florecimiento con Basílides y Valentín, llegando a los bogomiles del año 1000 y a la herejía cátara. Y que nunca se ha extinguido, repito, si es verdad que aún en 1966, en el Congreso de Messina, se discutió sobre gnosticismo y gnosis no solamente en clave

---

66   Debenedetti Stow, S., *Dante e la mistica ebraica*, Milano, pág. 130.

67   Sobre el itinerario histórico del gnosticismo, véase de Ries, J., "Gli Gnostici, storia e dottrina", en *Opera Omnia* vol. IX/1, Milano, 2010.

histórica, sino con referencia a un posible uso científico de los términos, distinguiendo el gnosticismo histórico del concepto de gnosis. Se reservó este último para designar "la identidad divina del cognoscente (el gnóstico), de lo conocido (la sustancia divina de su Yo trascendente), del *medio a través del cual* se conoce (la gnosis, la facultad divina implícita que debe ser despertada y reactivada)".[68] Más aun: hay algunos espiritualistas modernos que, conscientemente o no, han llegado a concepciones neo-gnósticas de cierto interés. Me refiero, en particular, a ese florecimiento espiritual que, paradójicamente, adquirió vida en la plenitud de la virulencia materialista vigente en la Unión Soviética de los años veinte y treinta del siglo pasado. Su máxima expresión son, de un lado, Solov'ev, Bulgakov y Florenskij; del otro, Ouspenskij.

Los primeros han elaborado una concepción de la Divinidad que se articula en las cuatro hipóstasis, siendo la cuarta la Sofía, que es intermedia entre los arquetipos divinos y la realidad histórica. Con esta concepción, anota Rosanna Gambino, "el mundo visible se torna simbólico, unido a Dios, capaz de comunicar la gracia divina, de revelar la presencia del mundo invisible, de ser vehículo de lo trascendente".[69]

Con todo, se trata de un vehículo que requiere una mediación, la Sofía o Sabiduría. Ella "estaba presente cuando creabas el mundo, sabía lo que era grato a Tus ojos y qué era recto según Tus preceptos".[70] Sin embargo, sobre esto convendrá volver.

Piotr Demianovic Ouspenskij, a su vez, ha desarrollado un sector de estudios ya encarado por Florenskij y ha aplicado el concepto de cosmos a varias dimensiones, una conquista de la geometría post-euclidiana, a la relación entre el hombre y lo divino. Ve en la Gnosis la superación de las tres dimensiones a las que parece confinado el hombre y el acceso a las dimensiones superiores, hasta aquella en la que habita Dios. Esta visión fue retomada en el siglo pasado por Rudy Rucker, de quien he dado cuenta en el capítulo I del presente trabajo.

El *homo gnosticus* del que habla Ries no es, pues, el desecho de una antigua y respetable fe religiosa: es el hombre moderno que vive en el exilio de las religiones institucionales pero no de Dios.

---

68   Cit. por Ries, cf. nota 67, pág. 303.

69   Gambino, R., *La Sofía come quarta ipostasi tra Dio e il mondo*. La autora tiene en su haber varias publicaciones sobre los Padres Orientales (Teodoro Studita, Máximo el Confesor, Dionisio Areopagita, Leoncio de Bisancio, Palamas) y sobre los teólogos ortodoxos rusos.

70   *Libro de la Sabiduría* 9, 9.

Debo decir que el problema del Jesús histórico, de sus vicisitudes terrenas, me apasiona poco. Una historia de hace dos mil años, confiada a pocos testimonios, ni siquiera de los historiadores más acreditados de la época (excluyendo a Flavio y Tácito, que por lo demás hablan de *religio prava atque immodica*), presenta indudablemente contradicciones de tiempo, lugares y palabras. Y en verdad las contradicciones entre diversos textos que hablan de cosas sagradas, las contaminaciones entre las tradiciones hebraico-bíblicas y otras que nosotros llamamos "mitológicas" no ayudan ciertamente al hombre a encontrar la persona de Jesús –o, mejor, los antecedentes que anuncian la redención y la misma vida de Jesús– sino que más bien lo inducen a la duda y a la confusión. Probablemente, si sometiéramos a un análisis igualmente penetrante los hechos de Julio César o de Ciro el Grande, encontraríamos otras tantas contradicciones si no más. Me parece que lo único verdaderamente importante en la relación entre la salvación y la historia es que Jesús ha existido, se ha enfrentado con la maldad humana, ha triunfado con la Resurrección. Él es la irrupción de lo Sagrado en la historia de los hombres. No por las palabras –aun de suprema sabiduría– que ha dicho, no por los milagros –aun los que subvierten el orden natural– que ha llevado a cabo; en síntesis, no tanto por el Jesús histórico cuanto por esos acontecimientos reveladores de lo Sagrado que son Su Nacimiento, Su Transfiguración y Su Resurrección.

Su Nacimiento: María concibe sin conocer hombre, quizás en virtud del anuncio del Ángel; es una divina partogénesis. El evento es acompañado por la luz que rompe la oscuridad de la noche de Belén, así como la voz de lo alto romperá el silencio en las orillas del Jordán en el momento de Su bautismo. Y la luz acompañará a Jesús en el momento de la Transfiguración, cuando "sus vestiduras se volverán resplandecientes y tan blancas como nadie en la tierra podría hacerlas".[71]

Y por último, en el momento de la Resurrección, la luz, instantánea y más enceguecedora que la solar, que se imprime en la Síndone que envuelve el cuerpo humano de Jesús como para dejar huella permanente.[72]

---

71 *Marcos* 9, 3.

72 Sobre la verificación experimental de la hipótesis de un relámpago de luz en el Sepulcro, véase Sebastiano Rodante, *La Scienza convalida la Sindone*, ed. Milano 1994, págs. 73-82. El autor, médico y sindonólogo, relaciona las hipótesis formuladas y verificadas experimentalmente con la manifestación de luz que tuvo lugar durante la Transfiguración, confirmando lo dicho más arriba.

En esos momentos, Jesús se revela como perteneciente al espacio infinito, en el que el Logos eterno, la "Mónada infinita generada de la Mónada", como dice el Libro de los Veinticuatro Filósofos, trasciende la transitoria forma humana y se revela en el esplendor de la luz enceguecedora que es característica suya. En esos momentos, Jesús abandonaba el cuerpo terreno que le había permitido aparecer como hombre entre los hombres y compartir su tragedia existencial, a través de una "ruptura dimensional" que Lo ha devuelto a Sus dimensiones verdaderas de Dios, hijo de Dios.

Y efectivamente, desde el momento de la Resurrección, los discípulos y María Magdalena no podían tocar Su cuerpo (*"noli me tangere"*). Él podía atravesar la puerta cerrada del Cenáculo, desaparecía a la vista de los discípulos de Emaús. Y estaba listo para ascender –expresión, por cierto inadecuada– a las dimensiones superiores en las que Él, como Logos Hijo de Dios, habita más allá de nuestras leyes de espacio y de tiempo.

Las manifestaciones de luz que han acompañado los momentos "divinos" de la vida terrena de Jesús no son las únicas de las que habla la Tradición. Enoch, que "caminó con el Señor" sin que su cuerpo físico muriera, dice de sí mismo: "Mi carne se transformó en llama, mi tendón en fuego ardiente… la luz de mis cejas en esplendor de fulgores, mis ojos en antorchas de fuego, los cabellos de mi cabeza en llama y hoguera, todos mis miembros en ardientes alas de fuego y mi complexión en fuego ardiente".[73]

La Biblia nos relata que, cuando Moisés volvió del Sinaí, después de haber hablado con Dios, "no sabía que su rostro se había vuelto radiante… Pero Aarón y todos los hijos de Israel, mirando a Moisés, vieron que su cara estaba radiante y tuvieron temor de acercarse a él".[74] Elías fue llevado al cielo "por un carro de fuego y caballos también de fuego",[75] en un "torbellino" (nótese que Ezequiel, en su visión, sintió que a las ruedas de los Querubines les había sido dado el nombre de "torbellino").

De la luz hablan también tradiciones extrañas a la cultura judeocristiana: Jámblico dice que "los ojos no pueden sostener la luz irradiada por los Ángeles"; Buddha afirma de sí mismo: "Me volví una llama y me levanté en el aire"; Mircea Eliade, que subraya cómo en las palabras de Buddah se unen las dos imágenes de la superación de la condición humana, luz y ascensión, recuerda que también en la mitología hindú los seres mística-

---

73 "Il Libro di Enoch", citado por Harold Bloom. *Visioni Pofetiche*, Milano, 1999, pág. 92.

74 *Éxodo* 34, 29-34.

75 *Reyes* 2, 11.

mente perfectos irradian luz.[76] Por su parte, Emilio Servadio recuerda que hasta la experiencia poética se puede expresar en la luz "esa luz que el poeta ciego John Milton veía y saludaba en los primeros, inmortales versos del *Paraíso Perdido*: "Salve, luz santa, primigenia prole del Cielo". Y tres versos después, en una sentencia inapelable, se lee: *"God is Light (Dios es Luz)"*.[77]

Siempre es Mircea Eliade quien examina las experiencias místicas de luz, a propósito de las cuales él habla de "ruptura de nivel", una expresión muy próxima a mi convicción acerca de que tales experiencias acompañan la ruptura de nuestra configuración tridimensional: son teofanías luminosas, epifanías de lo sagrado y, a la vez, manifestación de una real energía cósmica. Es la luz "Fulgor de vida" de la que habla Massimo Scaligero precisamente a propósito de la Resurrección de Jesús: "la virtud de resolver el mal y de sublimar el dolor humano, que deriva del Logos mediante la victoria sobre la Muerte, obró como Luz-fulgor primordial que reanimó a la tierra y pudo penetrar en la tiniebla".[78]

En conclusión, considero que Jesús, el Hijo de Dios, el Logos, ha asumido ropaje humano (tridimensional) para cumplir su misión sobre la tierra y compartir con los otros hombres dolores y sufrimientos que habrían culminado con Su muerte en la cruz. Y ha reasumido en la Resurrección (así como había hecho por breve tiempo con la Transfiguración) Su dimensión divina, es decir que ha realizado esa "ruptura de nivel" que lo ha devuelto a Su dimensión originaria, la que tenía *"in principio"*.

---

76   Mircea Eliade, *Mefinstofele e l'Androgine*, Roma, 1971.
77   Servadio, E., *Passi sulla Via iniziatica*, Roma, 1988, pág. 144.
78   Scaligero, M., *Iside Sophia, la dea ignota*, Roma, 1980, págs. 62-63.

5

EL CAMINO DEL SOLITARIO

El problema de la relación fe-autoridad de la Iglesia me apasiona incluso menos. La Iglesia que conocemos hoy no es la misma que la de los primeros cristianos, y tampoco la de hace cien años. Ha pasado por momentos de altísima espiritualidad y nefastas luchas temporales; ha habido episodios de luminosa santidad y otros de oscuros homicidios, de sumisión a la autoridad temporal (piénsese en Bizancio) y de ejercicio a veces despiadado de la misma autoridad temporal. También su doctrina ha evolucionado, por momentos, involucionado, a través de los siglos, antes de llegar a nosotros, tal como ella es hoy. En otras palabras, la Iglesia de Roma es ya una institución humana y mundana, con todas las cualidades de los hombres (la santidad, sobre todo, la profundidad de doctrina y cultura de sus más altos doctores), y todos los defectos de los hombres (el amor por el poder, la prevaricación hacia el disidente, la superficialidad de los cambios respecto de las exigencias temporales). Seguir todas sus vicisitudes para encontrar en ella el fundamento de un unívoco camino hacia el Espíritu es difícil, fatigoso y conduce a resultados contradictorios. En una palabra, es inútil.

Quien no sigue la evolución histórica de la Iglesia, y se contenta con el mensaje que en su momento ella propone a los fieles, está satisfecho y ejercita una fe simple, acrítica, dócil, disponible para aceptar la continuidad como el cambio, según la Iglesia le proponga un camino o el otro. Hemos tenido prueba de ello con ocasión de las modificaciones aportadas a la liturgia del Concilio Vaticano Segundo en las iglesias: los fieles han acogido una nueva gesticulación, un nuevo salmodiar, han abandonado el gregoriano y el latín (el canto sagrado y la lengua sagrada), sin un momento de duda o de añoranza. Y la Iglesia se entrega a estos fieles, precisamente porque, llegados a este punto, "fiel" ya no significa "quien tiene Fe" sino "quien tiene fidelidad" a la institución.

Con todo, la elección de quien se ubica "solo en vuelo hacia el Sol" (y sabe que corre el riesgo de Ícaro, afrontándolo conscientemente) no deriva de desconfianza hacia la Historia y hacia las Iglesias; deriva de la confianza originaria que le infundió la Ruah, el soplo de Dios que lo hizo capaz, único entre todas Sus creaturas, de concebir el pensamiento abstracto, de pronunciar, como Adán en su primer acto de habla, el nombre de Dios.[79] Es también una afirmación de orgullo de la propia humanidad, de la capacidad de cada hombre de transitar un camino propio, aun ateniéndose al surco de la Tradición, de la *Philosophia perennis*, resistiendo tanto a las tentaciones fideísticas como a los reclamos de lo oculto y de la tiniebla.

Harold Bloom distingue la actitud fideística de la elección de la búsqueda individual, diciendo:

> "La espiritualidad que renuncia a un linaje antiguo y autorizado y ha sido siempre compatible con la ortodoxia dogmática de todas las religiones occidentales. La espiritualidad que se impone tiene una ascendencia tan antigua y autorizada y nunca fue conciliable con la fe institucional ni situada en un contexto histórico".[80]

No es necesario afirmar, como Ferdinando Pessoa, ser contrario a todas las iglesias, sobre todo, a la de Roma.[81] Sería irrespetuoso para con esa multitud que en las iglesias encuentra su consuelo y su saciedad. Una vez más, Harold Bloom habla de la actitud espiritual del buscador solitario, del Peregrino del Espíritu, "en torno del que aletea un aire de 'primera vez', una atmósfera de algo originario que desconcierta al ortodoxo de cualquier fe. Creatividad e imagen, irrelevantes o directamente peligrosas para la fe dogmática de cualquier tipo, le son esenciales".[82]

---

79 Con esto, me propongo también afirmar mi disenso respecto de cualquier hipótesis evolucionista acerca del origen del hombre: es humillante la hipótesis de que un mono haya descendido de los árboles, haya evolucionado y haya concebido el pensamiento abstracto y la idea de Dios gracias al pulgar que se opone a los demás dedos. Así también, considero enrevesada y algo hipócrita la idea del así llamado "diseño inteligente" de una evolución "guiada". No cabe en el plan del presente escrito el tratamiento de este tema, Por eso, me limito aquí a una simple afirmación acerca de la dignidad del hombre y su origen divino..

80 Bloom, H., *Visioni profetiche*, *op. cit.*, pág. 28.

81 Pessoa, F., *Pagine esoteriche*, Milano 1997, pág. 15.

82 Bloom, H., *op. cit.*, pág. 30.

He aquí, pues, que mi viaje es "una primera vez": encuentra consolación en quien me ha precedido, en los Sabios de la antigüedad, en la Tradición, o sea, en la *Philosophia perennis*, en el Libro de los libros, en los "fundamentales" de la religión cristiana, a la que, aun en la reivindicación de mi autonomía de pensamiento, pertenezco. Es un viaje que tiene comienzo en esta vida, pero que no termina con ella, porque, como ya he dicho, *"vita mutatur, non tollitur"*. Y cuando mi vida haya cambiado, el soplo del Espíritu se hará más fuerte (o bien yo lo percibiré más fuerte, más potente, la Escala de Jacob se abrirá ante mí como irresistible invitación a recorrerla. Podré, si fuera capaz, superar la condición (las dimensiones) en las que la naturaleza degradada me ha confinado, y acceder a esas regiones de la Luz donde se puede ser iniciado en la Gnosis, es decir, obtener, más que el conocimiento, la identificación cognoscitiva con Dios. La mente humana "se configura como el plan sobre el cual está trazado el esquema que representa la realidad última, el Espíritu absoluto, que no es un nivel sino el fundamento y la realidad de todos los niveles".[83]

Hay un texto al que se le han dedicado siglos de estudio, dada su oscuridad sapiencial: el Apocalipsis o, como prefiero llamarlo con un término más próximo al título griego, la Revelación. Como todo libro sapiencial, puede ser leído en diversos niveles, cada uno de los cuales esconde un significado oculto: es la técnica adoptada por la matemática de modelos que "se limita (¿pero se trata de un límite?) a deshojar los infinitos niveles de comprensión" de la realidad.[84] Es la técnica adoptada por muchos estudiosos de la religión hebrea cuando investigan los textos de la Torah, buscando en la oscuridad de los símbolos y hasta de los elementos alfabéticos las verdades escondidas en el Libro.

Ahora bien, si es lícito adoptar tal técnica, también la Revelación se puede leer en un nivel distinto del habitual: como un libro destinado a describir el recorrido iniciático individual, sus peligros, sus terrores, sus victorias, hasta el triunfo final: la Gnosis de Dios.

El periplo del hombre después de la muerte de su cuerpo físico está, de hecho, sembrado de terrores y de obstáculos, Ángeles o Arcontes, dado que sabemos tan poco de la criatura intermedia, como la que enfrentó Josué, con la que tuvo que luchar toda una noche porque quería impedirle atravesar el río Yabboq. O como sucedió a Enoch que fue recibido en el cielo con la burla de las criaturas santas: "¿Qué es este olor a criatura nacida de mujer? ¿Qué

---

83   Wilber, K., *Grazia e grinta*, cit. ed. it., 1995, pág. 228.
84   Israel, G., *La visione matematica della realtà*, Bari, 1996, págs. 330-331.

es este sabor a gota de blanco que sube a lo alto de los cielos hasta aquellos que comparten la llama?".[85] Y sin embargo Enoch había caminado con Dios hasta los cielos más altos y, según otra remota tradición, se transformó en Metatron, el ángel de la reintegración, de modo que Harold Bloom llega a decir que "Metraton se convierte en el lazo esotérico de la angelología entre lo divino y lo humano, fundiendo los dos reinos".[86]

La tradición hebrea y después la gnóstica nos hablan de una situación de tensión entre Adán y los ángeles caídos –los que encontraremos en el Génesis y en la versión en lenguas semíticas etíopes del primer libro de Enoch– que trataban de seducir a las hijas del hombre "porque eran hermosas". La unión no natural de estos Ángeles Vigilantes con las hijas del hombre dio origen a una progenie, enemiga de lo humano y de Dios mismo: la estirpe inmunda de los Gigantes, hasta su exterminio. En otros términos, una gigantomaquia, como la que encontramos en la mitología helénica.[87]

Estos comportamientos de los ángeles caídos (algunos dicen que han descendido sobre la tierra), ¿eran acaso una rebelión a Dios o bien una manifestación de envidia por el hombre?

De todos modos, los ángeles, rebeldes o santos, viven una metahistoria y habitan en el mundo intermedio o *mundus imaginalis*: el hombre deberá encontrarlos en su ascensión a las regiones superiores, luchar con ellos y combatir su envidia. Son los *Maggidim* de la tradición islámica. En una palabra, son los Arcontes de la tradición gnóstica, que probablemente buscan conservar para sí solos el favor de Dios y temen que el hombre acceda, como Enoch, a los cielos más altos.

Pero a todo hombre le está reservada la suerte bendita (y así puede concluirse de lo que Vito Mancuso llama "el juego de la vida), la suerte que le tocó a Enoch, a condición de que haya osado subir el primer escalón de la Escala de Jacob, o sea de que haya comenzado la senda del perfeccionamiento en esta vida de tal modo que sea admitido para cumplir el camino ulterior, a condición de que sea digno de asistir a la apertura del libro sellado, y habrá de llorar si no encuentra a nadie capaz de abrir el

---

85   Un texto cabalístico, reproducido por Bloom en *op. cit.*, pág. 54, narra en estos términos la llegada de Enoch al Paraíso.

86   *Ibid.*

87   Valdría la pena hacer aquí una digresión sobre la concordancia de los mitos, sobre su naturaleza de reminiscencia de las cosas "últimas y primeras" de la humanidad, del tiempo primigenio, remotísimo o final, separado del tiempo histórico, pero que obra en él, como dice Heinrich Fries, en *Sacramentum Mundi*, Brescia 1947-1948.

libro o mirarlo,[88] a condición de que haya devorado el pequeño libro que le alcanzó el ángel cuya cabeza había sobrepasado el arcoíris, el signo de la alianza con los hombres que Dios puso después del Diluvio.[89] Todo hombre encontrará los terrores simbólica o metafóricamente narrados en el libro de la Revelación, verá caer las estrellas, asistirá (¿o deberá participar?) en la lucha victoriosa contra el Mal: son los dragones, los monstruos que emergen del inconsciente del hombre, de sus pulsiones escondidas, nacidas para llevar al hombre a la ruina, esconderle el camino de las estrellas, los monstruos que la trompeta del Ángel despierta para que el hombre los venza definitivamente. Así, verá a los mártires en la gloria, y los veinticuatro ancianos, los Cuatro vivientes con seis alas, llenos de ojos alrededor[90] que están junto al Trono de Dios. Verá "una Mujer revestida de sol con la luna bajo sus pies, y sobre la cabeza una corona de estrellas". Y una gran voz dirá entonces "Ahora ha venido la salvación y la potencia y el reino"[91]: la salvación, la Sophia que conducirá a ese hombre a la última visión: "Y vi un nuevo cielo y una nueva tierra, porque el primer cielo y la primera tierra habían pasado, y el mar ya no existía. Y vi la ciudad santa, la nueva Jerusalén, descender del cielo desde Dios… Y Dios mismo estará con ellos y será su Dios, y enjugará toda lágrima en los ojos de ellos y la muerte ya no será… Porque las cosas de antes habrán pasado". En ese momento, el hombre vivirá "la experiencia de la trasmutación o metamorfosis interior, la gnosis iluminadora que le devuelve, en un segundo nacimiento, la unidad perdida"[92]: un segundo nacimiento.

Y, quizá, verá a Dios en Su infinito esplendor: "Su trono irradia ante Él y Su palacio está colmado de esplendor. Su Majestad es sempiterna y Su gloria es para Él ornamento. Sus servidores cantan ante Él y proclaman la potencia de Sus maravillas. Como Rey de todos los reyes y Señor de todos los señores, circundado por hileras de coronas y rodeado por filas de príncipes del esplendor. Con el fulgor de su rayo Él cubre el cielo y su brillo ilumina desde las alturas. Abismos flamean desde su boca y firmamentos brillan en Su cuerpo". Así canta el himno a Zoharariel Adonai, Dios de Israel.

Hay, de hecho, símbolos que requieren un proceso más complejo en la interpretación de palabras o de objetos. Son los que conciernen al nivel de

---

88   Cf. *Revelación* 5, 1-5.

89   Cf. *ibid.* 10, 1.

90   Nótese la concordancia de esta descripción con la versión de *Ezequiel* 10, 12.

91   *Revelación* 12, 1 y 10.

92   Servadio, E., *op. cit.* Véanse en particular los capítulos 24, 25 y 28.

la iluminación, del que habla Plotino, que requieren una intuición no sólo intelectual sino de orden superior.

Wittgenstein había dicho "los límites de mi lenguaje son los límites de mi mundo", y podría parecer una condena al silencio. Pero después agrega: "con todo, está lo inefable. Lo inefable se muestra, es lo Místico".

Inefable, como la Palabra perdida, la que permitía la entrada al Templo terreno, espejo del celeste. Para comprender lo que Wittgenstein llama "*Das Mystische*" es necesaria una intuición de orden superior porque ello no se puede describir en palabras; (es inefable desde *Φημί* = digo, explico).

Más aun: hay intuiciones de orden superior que son compartidas por muchas personas: el proceso subjetivo, personal, interior, del conocimiento de cada uno se adecúa a una objetividad de alcance general y compartida: puede ser un mito, un hecho estético, un particular significado espiritual, creando entre los diversos observadores del símbolo una comunidad de ideas. El símbolo está más allá de la "mera pasividad" del hecho sensible que caracteriza la imagen o el objeto y está más allá del simple proceso intelectual.

Toda forma simbólica, pues, crea una "síntesis de mundo y espíritu", dice Goethe; y, más que conocimiento intuitivo, es "forma del espíritu", el espíritu que da un sentido a lo real.

Esto es lo que me proponía señalar en el capítulo I, al hablar de liberación de la prisión del cuerpo, la asunción de un ropaje distinto, más amplio, capaz de comprender lo que en esta fase terrena de nuestra vida nos es negado. Diríamos, habiendo llegado a este punto, que éste es el verdadero nacimiento del hombre. Él ha vuelto a ser el *megaς anθrωpoς* de la Creación, el *Adam Qadmon*; sus dimensiones se han ampliado al infinito, como sucede al Enoch que es llevado vivo al cielo, hasta comprender lo infinito. Ángel Silesio dijo "el océano se ha vertido en la gota".[93] Por su parte, Dante ha escrito en el Paraíso: "Porque mi vista se esforzaba/ haciendo ver en sólo una apariencia/ lo que en mí y no en ella se mudaba".[94] Los sentidos si "*avvalorano*", es decir que los ojos se esfuerzan, se vuelven receptivos de lo que de otra manera nunca habrían podido ver, la Realidad de Dios ha entrado en el hombre *mutato*, cambiado, la Apariencia de Dios se transfiere al hombre, vertiéndose, precisamente, como el océano en la gota.

---

93 Silesio, A., *El Pelegrino querúbico*. Debo esta indicación, al Prof. Raffi, a quien aquí agradezco.

94 *Par* XXXIII, 112-114. Trad. B. Mitre, Buenos Aires, Latium, 1922.

Es la ya consumada trasmutación del hombre, ahora μεγας ανθρωπος, que se expresa en una versión alquímica final y triunfal, que nada tiene que ver con un "dejarse ir" y que, por el contrario, se debe reconocer en la insuficiencia de la alta fantasía dantesca ante la identificación suprema, ante la visión de la centralidad cósmica.[95]

Es la Jerusalén Celeste, la ciudad hecha de jaspe, zafiros y toda clase de piedras preciosas, la ciudad que, medida con la caña que el Ángel entrega a Juan,[96] expresa la armonía divina de sus proporciones en el significado oculto de sus medidas. Es la sede del espíritu, el lugar reservado al Hombre Perfecto que ha cumplido su camino. Aquí Dios secará toda lágrima, y no habrá más pesar, ni gritos, ni dolor; aquí fluye el río de la vida y brota el árbol de la vida. Y, finalmente, ya no estaré solo. Porque encontraré –si tuviera las fuerzas para ello– esas potencias intermedias que la angelología hermética coloca en el mundo angélico, el lugar donde cada hombre tiene su *alter ego* en el Cuerpo astral, "un ser del mundo espiritual que asume para con el alma una solicitud y una ternura particular, que la inicia en el conocimiento, que la protege, la guía, la conforta, la hace triunfar". Aquí obtendré la mediación de mi proceso de conocimiento que me llevará, como peregrino del espíritu, a los pies de la Santa Sophia.

---

95   Servadio, E., *Passi sulla Via iniziatica, op. cit.*, pág. 196.
96   Nótese también aquí la concordancia con *Ezequiel* 40 y ss.

6

LA DIVINIDAD FEMENINA

No siempre se ha dedicado mucho espacio al problema del elemento femenino en lo Divino. Pero es oportuno que se hable de ello, si hasta un Papa ha dicho "Dios es también Madre". Y es oportuno porque el Camino Solitario, el que recorre el Peregrino del Espíritu, es iluminado por una presencia femenina, la Sabiduría o *Sophia*.

La intuición de una presencia divina femenina que una el cielo con la tierra es tan antigua como el hombre; el culto de una Diosa Madre Tierra es la forma más remota de religiosidad desde que el hombre ha concebido la existencia de los Seres superiores. Y probablemente fue la constante presencia del sentimiento religioso de los pueblos del antiguo Oriente lo que llevó al pueblo de Israel a concebir como femeninas algunas de las características de Dios mismo, algunas de Sus manifestaciones o formas de presencia. Ésta es, de hecho, una de las hipótesis que Gershom Scholem plantea para explicar la actitud de los primeros cabalistas respecto del elemento divino femenino.[97]

Una constante presencia que se revela a los cristianos en el hecho de que los lugares marianos a menudo coinciden con lugares de culto anteriores siempre dedicados a una figura femenina divina: la Catedral de Chartres surge sobre un monte donde los druidas veneraban una divinidad femenina; la ciudad de Éfeso ostentaba un templo de Artemis y allí María fue proclamada *Theòtokos*, "la que ha dado a luz a Dios" (definición cauta y restrictiva), la Catedral de Guadalupe se eleva sobre una colina donde los aztecas veneraban a una Diosa de la Tierra y de la Luna.[98]

---

97 Scholem, G., *La figura mistica della Divinità*, ed. it., Milano, 2010, pág. 142.

98 Ésta y otras referencias están señaladas en una nota del artículo de James Cutsinger "The Virgin", en *Sophia – The Journal of Traditional Studies*, vol. 6 n° 2, invierno 2000, pág. 183.

En el lejano Oriente la esencia misma de la iluminación está concebida como una de las "individualidades angélicas que tiene características femeninas" a las que Alberto Ambesi atribuye una directa filiación de la Santa Sophia. Y hasta la lírica cortés, observa Elèmire Zolla, "el arquetipo genera la figura de la Dama" destinada a "superponer en una criatura humana la idea del esposo y de la esposa celestiales", lo que, además, constituye una constante en la intuición poética: Beatriz en la Divina Comedia, Polia en la Hypnerotomachia Poliphili[99] preparan y conducen al hombre a la comprensión suprema del Principio Femenino, la Eterna Sabiduría, la Puerta a través de la cual se llega a Dios. Y está justamente en la Divina Comedia el pasaje revelador: después de las experiencias alquímicas, después de la purificación, después de la aparición de la *cauda pavonis*, Dante está preparado para la obra al rojo. De hecho, Beatriz acompaña al Poeta a los pies de la Virgen-Madre a la que San Bernardo[100] pide que Dante sea admitido a la visión de Dios.[101]

Figuras femeninas quizás intermedias, pues, pertenecientes a ese *mundus* que constituye el estadio intermedio entre la vida terrestre y las Esferas superiores. Ellas predisponen al hombre al encuentro fatal, el encuentro con la Virgen Sophia que, ella sola, permite el acceso a la gnosis de Dios.

Pero le es menester al cristiano algo más, le es necesario dar ese paso que permitió a Heinrich Suso identificar a la Madre de Dios con la Sophia, que condujo a Frithjof Schuon a dedicar el último período de su vida al estudio de la Madre de Dios como *Sedes Sapientiæ*.[102] El cristiano debe dedicar a María mayor atención que la que le dedica la Iglesia de Roma.

Efectivamente, la Iglesia considera a María una mujer, por cierto, la más perfecta entre las mujeres, atribuyéndole, y es historia reciente (¡mil ochocientos años después!) la gracia de haber sido concebida inmaculada, única entre los seres humanos. Así, como mujer, dio a luz de manera natural a un Hijo, permaneciendo sin embargo virgen. Se trata de dos acontecimientos,

---

99   De este último texto hay una excelente edición crítica, a cargo de Marco Ariani y Mino Gabriele, Milano, 1998.

100   Sobre la particular devoción de San Bernardo de Clairvaux por la Virgen –fue el primero en llamarla de modo caballeresco "Nuestra Señora"– véase el artículo de René Ghénon *Sophia. The Journal of Traditional Studies*, vol. 4 nº 1, otoño 1998, pág. 21.

101   ¿Sólo visión o algo más? Dante ha descritpto en el último canto del Paraíso no una visión sino un proceso de Gnosis. Hablaremos de ello más adelante.

102   Schuon, F., *Sedes Sapientiæ. On the Face of Absolute*, Bloomington, World Wisdom Books, 1989.

únicos en la historia de la humanidad, ambos difíciles de explicar si no mediante un acto de fe ciega. Es verdad que Dios es omnipotente, y como tal habría podido conceder a María la gracia de ser concebida sin el pecado original, pero eso constituye una sorprendente excepción al hecho de que María es considerada a pleno efecto por la Iglesia perteneciente al género humano. Omitamos las contorsiones teológicas a las que apelan los hombres de iglesia para explicar un parto natural y sin embargo virginal. También aquí se impone un acto de fe ciega. Más que todas las contorsiones, vale la palabra iluminadora del Papa Benedicto XVI: "Para Dios todo es posible".

Y vale, aun más explícita, la consideración de Teodoro Studita: "has plasmado en manera similar a tu cuerpo al Rey de todos, que tomó de ti su sustancia; de tal modo que como era la generadora, así era también el generado".

Hay personas que no están dispuestas a actos de fe ciega y estoy entre ellos. Le es necesario a quien está en esta posición ese paso más del que hemos mencionado antes: reconocer a María esa naturaleza divina que le es propia porque así nos dice la historia de la humanidad –que siempre esperó la manifestación de una Virgen divina– pero, sobre todo, porque así se explican sus características, su divina partogénesis y su retorno a las Esferas celestes; porque, finalmente, el cuadro de la Redención aparece armonioso en todos sus componentes y de tal modo que garantiza al hombre la continuidad en la Escala que él debe subir. Frithjof Schuon ha dedicado a la Virgen un libro que se titula sintomáticamente *"Sedes Sapientiæ"*. En él afirma que en el cuadro armonioso de la Redención es la Sabiduría ese valor –ontológicamente personificado por la Virgen– que está entre el hombre y Dios. Y continúa Schuon:

> "María es divina no sólo a través de Jesús, sino también y a priori, por su "receptividad" proporcionada a la Encarnación… el Logos estaba encarnado en ella ya antes del nacimiento de Cristo, como lo indican las palabras *'gratia plena'* y *'Dominus tecum'*".[103]

Es necesario reiterar que el culto originario del hombre ha sido un culto femenino: la Gran Madre era a la vez una divinidad celeste y terrena, diosa de la fertilidad, de la caza, símbolo del renacimiento cíclico de las estaciones

---

103 Schuon, *To Have a Center,* citado en el artículo de Cutsinger, S., "The Virgin", en *Sophia, The Journal of Traditional Studies,* vol 6 nº 2, 2000.

como de la vida del hombre: a medida que la civilización humana conquistaba la dimensión abstracta y espiritual, se convirtió en dispensadora de sabiduría (Minerva), capaz de iluminar la conciencia humana.[104]

El aspecto femenino de la divinidad no ha desaparecido ciertamente con el fin de una (supuesta) civilización matriarcal, sino que ha quedado en el Olimpo de los dioses helénicos. Hesíodo, en la Teogonía, presenta a Gaya como hija del Caos y, por tanto, creadora del orden universal.

Pero, sobre todo, capaz de concebir y dar a luz sin la intervención masculina: surge así el mito de la partenogénesis que llegará hasta las religiones históricas, a Mitra, y se convertirá en realidad sobrenatural (pero sólo si se lo concibe en un cuadro sobrenatural) en la Virgen María.

Cuando los cristianos de la escuela de Pablo comenzaron a sostener la unión entre María y el Espíritu Santo, esto generó escándalo y estupefacción, bien expresado en el Evangelio de Felipe: "Algunos han dicho que María concibió del Espíritu Santo. Están en un error. No saben lo que dicen. ¿Cuándo una mujer ha concebido de una mujer?".[105]

La imagen de la divinidad femenina ha quedado en la primitiva religión de Israel, ha pasado al Cristianismo de los orígenes, y resurgirá, maravillosamente, con la sofiología rusa del siglo XX.

Si se sigue la docta reconstrucción histórica de Gershom Scholem,[106] se ve cómo las figuras femeninas que pueblan la historia religiosa de Israel no están caracterizadas como figuras divinas hasta el siglo I a.C., al menos, no como hipóstasis de la divinidad misma. La Sabiduría no sería concebida nunca, en los textos vetero-testamentarios, como hipóstasis divina. En los Proverbios y en Job ella está representada como la primera creatura, "más antigua que toda otra creación manifiesta, pero, aun cuando antiquísima, siempre más "joven" que Dios y nunca pensada como coeterna". Con todo, el autor no puede desconocer el hecho de que en los textos citados las representaciones de la Sabiduría son "exuberantes y grávidas de consecuencias para la historia de las religiones".[107]

También en el pensamiento hebreo, pues, la figura de una divinidad femenina, todavía no expresada o definida explícitamente, está presente precisamente como un pensamiento no expresado, una memoria, un

---

104 Las fuentes son innumerables: Eliade, M., *Trattato di Storia delle Religioni*, ed. it., Milano, 2008; Dumézil, G., *Riti e leggende del mondo egeo*, Palermo, 2005; Sergent, B., *Celti e Greci, il libro degli Eroi*, Roma, 2005.

105 *Evangelio de Felipe* 17, ed. de M. Crateri, *I Vangeli Apocrifi*, Einaudi, Torino, 1969.

106 Cf. Scholem, G., *La figura mistica della Divinità*, Milano, 2010, pág. 123 y ss.

107 *Ibid.*, pág. 125.

arquetipo, diría Jung, nunca afirmado y nunca negado. Él podría quizá constituir un legado de las más antiguas religiones mesopotámicas, con las cuales la cultura hebraica había estado en contacto durante siglos. El autor considerado no habla de ello, también porque el tema no entra en el tema tratado por él, que es fundamentalmente la Qabbalah. Hay que recordar, sin embargo, hasta qué punto la cultura hebrea, en los siglos del cautiverio en Egipto y en Babilonia, estuvo en contacto con formas religiosas decididamente femeninas.

Los cultos de Isis y de Ishtar no pueden no haber dejado profundos rastros en el mundo, cerrado pero no impenetrable, de la religión hebrea. El mito de Isis es el que mayormente está destinado a perpetuarse en las religiones orientales: Orfeo trajo de los egipcios la mayor parte de las iniciaciones místicas, y así, Isis tomó los nombres de Diana, Artemis, Afrodita-Venus en Chipre, Rea o Dictinna en Creta, Demetra en Eleusis. Con el advenimiento de la dinastía tolemaica (323 a.C.), el culto de Isis se difundió en todo el Mediterráneo. Isis se convirtió en el prototipo de la relación entre la Madre y el Hijo. En 389, con el edicto de Tesalónica, Teodosio (347-395) declaró al cristianismo religión de estado y todos los demás cultos fueron prohibidos. No obstante, con la imagen egipcia de Isis que, sentada en un trono, amamanta al hijo Horus, el dios niño que aparece en numerosas representaciones en sus brazos, permanece en la memoria religiosa de las poblaciones medio-orientales como una suerte de prefiguración iconográfica de la Virgen con Jesús.

Por lo demás, Isis era llamada "la Negra" como Demetra (en el mundo antiguo era el color de la fertilidad) y esa característica será tal vez el principal vehículo de la proliferación de Vírgenes Negras en Europa, como veremos.

Hay que llegar a Filón de Alejandría, a comienzos del siglo I, para encontrar una primera aproximación explícita al problema de la Sophia. En el pensamiento griego tardío parecería subsistir una orientación dirigida a identificar la Sophia como Logos[108], es decir como la manifestación de la androginia del Logos.[109]

La manifestación femenina de Dios[110] constituye una constante en el pensamiento religioso de la humanidad y un *punctum dolens* de la región cristiana, en particular, en la confesión católica.

---

108 Radice, R, *Allegoria e Paradigmi etici in Filone di Alessandria*, Brescia, 2000, págs. 136-137.

109 Elisade, M., *Il mito della reintegrazione*, Milano, 1989, pág. 70.

110 Deliberadamente he ignorado la distinción entre Shekkinah superior y Shekkinah

Baste pensar en las afirmaciones de dos Papas, aparentemente contrastantes: Juan Pablo I dijo "Dios es también Madre"; por su parte, Benedicto XVI afirmó "Dios es Dios", entendiendo por ello que no se le pueden atribuir características antropomórficas, o bien que *ignorare est vere cognoscere*, en una especie de apofatismo implícito.

Ahora bien, ambos Papas expresaron posiciones correctas: desde el punto de vista ontológico, "Dios es Dios" y escapa a toda definición, salvo que intervenga un misticismo como en la llama de la *"Nuit de feu"* de Pascal, o bien en las visiones de Jakob Boehme, en la *"via"* de Nicolás de Cusa, "lugar-no-lugar de tal indecible gnosis".[111] Se trata de una revelación fulmínea, instantánea, o bien de esoterismo iniciático, como en la concepción de Arthur Willink trasmitida por Rucker.[112] Según ésta, la omnisciencia de Dios encuentra su justificación en el hecho de que es un ojo situado en el Espacio Supremo, esto es, en el punto en el que, con el espacio, asume una dimensión infinita también el tiempo. Como se lee en las definiciones del *Liber Vigintiquattuor philosophorum*: "Dios es una mónada que genera una mónada",[113] o incluso una "esfera inteligible cuyo centro está en todas partes y la circunferencia en ninguna";[114] o en la visión de Tomás Bradwardine, quien escribió que de Dios se puede decir que es omnipresente y omnipotente, precisamente porque se encuentra, siendo infinito *"in situ imaginario infinito*: Dios está infinitamente extendido, sin dimensión y sin extensión",[115] al igual que el punto euclidiano. Y recordemos que Robert Fludd que Lo definía "el gran acordador";[116] o en ese, mucho más abarcador pero sin embargo siempre limitativo, a menos que se lo interprete a la luz

---

inferior porque eso nos llevaría muy lejos de la simple búsqueda de coincidencias que aquí se ha querido hacer. Para esto, véase el texto citado de Scholem, esp. págs. 148-172.

111 La cita, de uno de los Sermones del Cusano, y la frase que sigue se leen en Boccassini, D., "Il silenzio delle parole", en *Transmutatio – La via ermetica*, perteneciente a los *Quaderni di studi indo-europei* V, 2012, pág. 16.

112 Cf. Rucker, R., *La quarta dimensione,* ed. it. *The Fourth Dimension*, págs. 243-245 donde es ampliamente citado el volumen *The World of Unseen* de A. Willink.

113 *Liber vigintiquattuor philosophorum*, proposizione XXIII con intr. de Paolo Lucentini, Milano, 1999, pág. 42.

114 Nótese que esta última definición es retomada, en diversos contextos, por Alain de Lille, Giordano Bruno, Nicolás de Cusa, hasta los contemporáneos Borges y Tullio Regge; este autor los enumera en su *Infinito*, 1995, págs. 200-203.

115 Cf. Bradwardine, *De causa Dei contra Pelagium*.

116 Cf. Fludd, R., *Utriusque Cosmi Historia,* Kessinger, 2010.

de la Tradición o *Philosophia Perennis*, de Gran Arquitecto del Universo (¿o de los universos posibles?).

Con todo, no es éste el lugar para seguir por el camino, siempre inadecuado, porque no hay amplitud que baste, relativo al tema base de todos los temas.[117] No obstante, también la afirmación de Juan Pablo I, cuando decía "Dios es también Madre" es correcta porque expresa una convicción que reside en las certezas "últimas y primeras" de la humanidad, desde el "tiempo primigenio, remotísimo o final, separado del tiempo histórico, pero que obra en él, como dice con eficaz expresión Heinrich Fries refiriéndose al mito.[118]

Este segundo aspecto, igualmente sustentable, de la Divinidad, esta vez asumida en su manifestación respecto del hombre y, según veremos, de la tierra, es más próximo a las exigencias humanas y, particularmente, a las del Peregrino del Espíritu. Reiteremos que con esta última expresión queremos referirnos a aquel que, rehusando los vínculos impuestos por los dogmas de las religiones institucionalizadas, emprende con coraje y solo los caminos de la búsqueda espiritual: sobre Dios, sobre su Verbo, el Logos, sobre la Sabiduría. Y sobre ella, que representa el aspecto femenino de la manifestación de Dios, nos detendremos aquí. Y es oportuno porque el Camino Solitario, el que recorre el Peregrino espiritual, es seguro y no falaz sólo cuando es iluminado por una presencia femenina, la Sabiduría o Sophia.

La presencia de una divinidad femenina que interviene en las vicisitudes humanas fue percibida por todos los pueblos de la proto-historia, no bien hubieron superado la fase totémica de su religiosidad. Una mera lista de los nombres con los cuales la divinidad femenina fue invocada por distintos pueblos sería aquí ociosa: los egipcios en el 2000 a.C., antes de proceder a sus monumentales construcciones, invocaban a la diosa Maat como diosa de la sabiduría. Y ya en la proto-historia mesopotámica, An, el gran dios jefe del panteón de los sumerios, cuyo carácter celeste constituía una excepción en el país de Sumer, era tenido por dios creador, a cuyo lado, en ese papel,

---

117 Indicar una bibliografía, aunque sólo fuera de aproximación al tema, sería un acto de presunción. Estamos ante un océano para explorar el cual no bastaría una vida; y aun explorado, nunca podrá agotar el tema. Tal vez puede ser útil un texto no teológico ni histórico: Rucker, R., *La mente e l'Infinito*, Ed. Riuniti University Press, 2013 Roma, particularmente pág. 50 y ss. En la pág. 57, examinando una carta de Cantor, el autor afirma que una entina con la característica de infinito absoluto no puede ser plenamente concebida por la mente humana.

118 Fries, H., *Sacramentum Mundi,* Brescia, 1947-1948, pág. 50.

estaba la diosa "paredra"[119] de la tierra Ki. Nótese que el calificativo "paredra" dado a muchas diosas correspondía a una concepción antropomórfica de las relaciones entre divinidades, por lo que tal adjetivo bien podía indicar una relación más íntima.

A medida que el aspecto agrícola de las preocupaciones humanas perdía relevancia con el desarrollo de formas de organización más complejas y articuladas, se asiste al acentuarse del carácter celeste de la divinidad femenina, y a su liberación respecto de la condición de "paredra" de un dios masculino, hasta convertirse en expresión dominante de carácter universalista que tiene aspectos decididamente divinos, como sucede con Ishtar.[120]

Y no hay que descartar que, durante el cautiverio de Babilonia, también la cultura hebrea haya estado en contacto con el culto de Ishtar, de su homóloga sumeria Inanna o de la iraní Anahita. Pero la cultura hebrea estaba dominada entonces por el monoteísmo de una manera demasiado rígida como para admitir la existencia de una manifestación femenina de la divinidad.

Un monoteísmo con caracteres antropomórficos (se atribuyen a Dios sentimientos humanos como la ira o los celos) y, al mismo tiempo, con una visión religiosa mucho más elevada que se expresa en el culto y en la misma poesía religiosa.

Tampoco hay que descartar que durante la permanencia en Egipto la cultura religiosa hebrea haya tenido influencia del mito de Isis. En este caso, más que de influencia convendría hablar de fascinación, como sucederá en todas las culturas mediterráneas al punto de estar destinada a perpetuarse en las religiones iniciáticas griegas, y hasta en época posterior, gracias a la cultura traída por la dinastía tolemaica. Aún hoy está presente en los grados más elevados del recorrido iniciático individual.

También los cantos gnósticos hablan de las treinta y dos potencias que alaban a la Sophia, la "hija de la luz": he aquí un elemento que encierra muchas de las religiones medio-orientales contemporáneas entre sí,[121] en la coincidente representación de la Sophia, o Sabiduría de Dios. Alberto Cesare Ambesi se extiende sobre este tema, recordando la secta que se desarrolló en torno de la figura del asceta Elchasai que habría vivido alrededor del año 100 d.C. A este asceta le habría sido dado contemplar el Arquetipo supra-

---

119 "Paredra" es nombre de origen griego que señala al que "está sentado al lado"; por eso, suele traducirse como "asesor".

120 Ver nota 104.

121 Cf. Ambesi, A.C., *Nella Luce di Mani*, Trento, 2007.

sensible de Jesús y la potencia de salvación en forma de figura femenina:
un simbolismo, señala el autor, que dejará algún rastro en las intuiciones
de Mani, que también teoriza sobre el Christos Angelos y la Virgen de Luz
que acompaña en la edificación del Universo al Gran Arquitecto.[122]

En el lejano Oriente una de las hipóstasis menores del Principio Femenino supremo es la *dàkini*, definida como "aquella que vaga en el éter",
esencia misma de la iluminación, una de las individualidades angélicas
que tienen características femeninas y de las que, como hemos visto, habla
Ambesi, atribuyéndoles una directa filiación respecto de la Santa Sophia.[123]
Recordemos también lo dicho sobre esto por Elèmire Zolla.

Entre las figuras dantescas que representan, cada una de ellas, algunos
aspectos que serán totalizantes en la Virgen, no hay que olvidar a Matilde:
es también Ambesi quien la define "una inteligencia angélica que se aparta
del Reino de la Luz". Ella pertenece a ese *mundus imaginalis* del que habla
Henri Corbin;[124] es, al mismo tiempo, figura alegórica y simbólica, como
señala Singleton,[125] porque, de un lado, exalta la Sabiduría y, del otro, representa el mundo superior, precisamente el *mundus imaginalis.* Superior
a ella sólo es Beatriz, que algunos identifican con el "doble celeste", según
una tradición hermético-alquímica, que ciertamente Dante no desconocía.[126]

Esta visión, la de la Virgen de Luz, pertenecía a la cultura iraní con la
ya recordada diosa Anahita, que encontramos en el Evangelio de Valentino
con la mitopóiesis gnóstica de la Sophia: una multiplicidad de referencias
que apoya a Konrad Mundt cuando afirma que en todas las religiones está
presente una diosa, aun cuando sus nombres son varios: "guardaos, sin embargo, de hablar de estas cosas, las cuales deben custodiarse en el silencio
como los Misterios de Eleusis".[127]

Y, finalmente, la manifestación femenina de Dios irrumpe en la cultura judeocristiana: lo debemos a la influencia de aquella Alejandría que
fue encrucijada de pensamiento y de cultura, capaz de fundir la tradición
hebrea con las más recientes y a la vez remotas concepciones religiosas.
Fruto fascinante y profundísimo de esa fusión es el Libro de la Sabiduría,

---

122 Cf. *Ibid.* pág. 172 y ss.

123 Ver nota 99.

124 Cf. Corbin, Ch., *Temps cyclique et gnose ismaélienne*, Berg International, 1982.

125 Cf. Singleton, Ch., *La Poesia della Divina Commedia*, Il Mulino, 2002.

126 Cf. Lanza, A., *Dante e la Gnosi,* Roma, 1990, pág. 58 y ss. Véase también mi propio
trabajo, ya citado, *Incertus vixi*, Trento, 2010.

127 Mundt, citado por Ambesi, era un erudito y canónico del siglo XV.

ubicado por los expertos en el siglo I, si bien atribuido tradicionalmente a Salomón.[128]

El primer aspecto a considerar a propósito de este Libro concierne a su situación en el tiempo y a sus fuentes de inspiración. Aun habiéndoselo situado en el primer siglo de nuestra era, su inspiración aparece *prima facie* vetero-testamentaria, recurriendo a locuciones y citaciones de los Proverbios y del libro de Isaías. Además, en otro trabajo anterior[129] señalé cómo algunas expresiones que conforman una coronación en el Cantar de los Cantares, y que confieren a este último una valencia metafísica e iniciática –más allá de su contenido amoroso y explícitamente erótico–[130] pueden constituir una referencia a Salomón que aparece bien fundado y no casual.

Con todo, las referencias a la filosofía griega, y una terminología en parte copiada de la cultura helenística difundida en el mundo medio-oriental, hacen inclinarse por una redacción del Libro en el siglo I d.C.[131]

Por lo demás, si se considera el contenido, las analogías con el Libro de Isaías, con los Proverbios y con el Cantar de los cantares, pueden hacer definir el Libro como "intra-testamentario".[132]

El segundo aspecto concierne a la relación entre inmanencia y trascendencia según la visión del autor. Ahora bien, creo que las dudas sobre la concepción inmanente o trascendente de la Sabiduría no son tan importantes, si se piensa que la Sabiduría se ha de considerar igualmente trascendente, puesto que es divina, e inmanente porque se manifiesta en la historia y en el espíritu de cada hombre en particular. La divinidad femenina se plantea siempre como elemento de conjunción entre la tierra y el Cielo. Como hemos dicho: inmanente y trascendente.

Que exista un elemento de conexión entre la tierra y los mundos superiores constituye una constante en las convicciones religiosas de la Humanidad, al punto que se la puede atribuir a la Tradición más remota y más sagrada. Hablan de ello Guénon y Coomaraswamy a propósito del árbol sagrado,

---

128 De hecho, es conocido también como *Sofia Salomentos*.

129 CF. Di Marino, F., *Riflessioni sui percorsi della conoscenza*, Milano, 1998, pág. 173.

130 No se pueden compartir las interpretaciones, si pretendidamente proféticas, de la Iglesia Católica que verían en el Cántico una prefiguración del amor entre Jesús y su Iglesia. Por lo demás, una interpretación similar, que tampoco se puede compartir, estaba presente entre los hebreos.

131 Hübner, H., "La Sapienza di Salomone e la filosofia antica", en *La Sapienza di Salomone*, Brescia 2004, pág. 75.

132 Gerhardt Keyser, P., en *ibid.*, pág. 99.

que a menudo se representa al revés, o sea, con las raíces en el cielo y las ramas que abrazan la tierra.[133]

A su simbolismo se puede remitir la Escala[134] de la visión de Jacob, recorrida por los ángeles que representan "los estadios superiores del ser" y que constituye el *axis mundi*. Precisamente por su significado simbólico, el árbol era sagrado también en la mitología nórdica y se le daba el nombre de Yggdrasill.[135]

Con el desarrollo de las religiones, más allá de los aspectos naturalísticos primordiales, el elemento de conexión entre cielo y tierra asume caracteres personales y divinos. Regresemos ahora al Libro de la Sabiduría.

Recordemos cómo Scholem ha definido las descripciones de la Sabiduría contenidas en los Proverbios y en Job: "exuberantes y grávidas de consecuencias para la historia de las religiones", a pesar de que ella se represente como la primera creatura, "más antigua que toda otra creación manifiesta. Pero, aun cuando antiquísima, es siempre más "joven" que Dios y nunca es pensada como coeterna". La primera consecuencia de tales intuiciones de los más antiguos profetas se manifiesta en el Libro de la Sabiduría, en la hipostatización de la manifestación femenina de Dios en una figura que "expresa su nobleza, en comunión de vida con Dios". Ella, dice el Libro:

> "...es una emanación de la potencia de Dios, un efluvio genuino de la gloria del Omnipotente, por eso, nada contaminado en ella se infiltra. Es un reflejo de la luz perenne, un espejo sin mancha de la actividad de Dios y una imagen de su bondad (...) Efectivamente, ella todo lo conoce y todo lo comprende (...) De hecho, está iniciada en la ciencia de Dios y elige sus obras (...) en ella hay un espíritu inteligente, santo, único, múltiple, sutil, móvil, penetrante, sin mancha, terso, inofensivo, amante del bien, agudo, libre, benéfico, amigo del hombre, estable, seguro, sin afanes, omnipotente, que todo lo ve y que impregna a todos los espíritus inteligentes, puros, sutilísimos. La sabiduría es el más ágil de todos los movimientos. Por su pureza se difunde y penetra en todas las cosas. Es una emanación de la potencia de Dios, efluvio genuino de la Gloria del Omnipotente. Si bien es única, ella todo lo puede".

---

133 Cf. Guénon, R., *Simboli della scienza sacra,* Milano, 1975, pág. 279 y ss.

134 *Ibid.* En el libro de Guénon apenas citado se comenta el ensayo de Coomaraswamy, A., *The Inverted Tree.*

135 Cf. Boyer, R., *Yggdrasill. La religion des anciens Scandinaves*, Parigi, Payot, 1992.

Se trata, como se ve, de una cita larga, pero no inútil: de hecho, están presentes en estos pasajes del Libro en cuestión muchos elementos que permiten un paralelismo entre la descripción de la Sophia aquí examinada y la figura de la Virgen María.

El Libro aparece, en efecto, en la vigilia de la irrupción del mensaje cristiano en la civilización hebrea y medio-oriental –aunque ya sería más correcto decir "helenística"– en general. Sólo en este sentido se le puede atribuir un carácter premonitorio del culto a la Virgen, y no ciertamente, como querrían algunas interpretaciones católicas que aparecen forzadas, un carácter profético.

No olvidemos que el culto a la Virgen ha sido objeto, después del Concilio de Éfeso, de una suerte de opacidad: es muy cierto, como se ha indicado, que la Virgen ha sido declarada en esa ocasión *Theòtokos*, es decir, "la que ha parido a Dios". Pero esto no equivale a afirmar su divinidad, sino que sirvió para rechazar como heréticas las teorías heterodoxas sobre la naturaleza de Jesús.

La antigua tendencia de la religión hebrea a considerar solamente divinidades masculinas se transfiere, pues, al cristianismo post-Éfeso. ¿Era realmente así antes de ese Concilio? Según Scholem, que, con todo, se refiere sólo a la cultura hebrea, la respuesta no puede ser sino negativa: el texto del Libro presentaría una especie de *"hieros gamos"* entre Dios y la Sabiduría, como más expresamente se encuentra en Filón de Alejandría que escribe:

> "…a la ciencia del Creador la llamamos Madre. Dios se le ha unido y ha generado la Creación, aun cuando no al modo de los hombres. Ella recibió la semilla de Dios y generó, en los dolores del parto, al único y amado hijo (…) este mundo".[136]

Pero imaginemos cómo estas palabras, aun inspiradas en el mensaje gnóstico, podían ser leídas por un cristiano del siglo I. Para él, el único y amado hijo de la madre no podía ser sino Jesús, hijo de María, concebido en un *hieros gamos* celeste. Lo que Scholem define "poder de las imágenes" o "revuelta de las imágenes"[137] es en realidad un evento mucho más sustancial y fértil en consecuencias. Es el pensamiento cristiano de los primeros siglos que reconocía, sobre las huellas de la posición de Efrem el Ciríaco,

---

136 El pasaje fue extraído del *De ebrietate* de Filón, que cita Scholem, *La figura mistica della divinità*, Milano, 2010, pág. 216.

137 No se ha de olvidar que el *Libro de la Sabiduría* es recogido en la Biblia cristiana pero no en la hebrea.

la divinidad de María. Era lógico que los primeros cristianos vieran en la Virgen la manifestación femenina del Espíritu, y que los gnósticos de los primeros siglos de la era cristiana identificaran la Sabiduría con el mismo Espiritu Santo. No en vano Teófilo de Antioquía define las tres Personas de la Trinidad como el Padre Dios, el Verbo y la Sabiduría.

Según una posición "antitrinitaria",[138] sólo en el pensamiento cristiano fue atribuida una Personalidad divina a la figura del Hijo de Dios. Y concluye: "Desde el momento en que Jesús es Dios, ¿por qué no definir a María "la Madre de Dios"? Nació así la veneración o verdadera y propia adoración de la Virgen, ya conocida en el paganismo como Diosa Madre. Ahora las oraciones ya no estaban dirigidas sólo a Dios y a Jesús, sino también a María. Más aun, a medida que pasaba el tiempo, la tendencia ha sido la de rezar siempre menos al Padre y siempre más al Hijo y a María". Si asumimos estas palabras como una constatación histórica, podemos aceptarlas, y solamente en este caso. En efecto, los primeros cristianos siguieron las palabras de la Biblia allí donde habla de la Sabiduría como Espíritu de Dios.[139]

Y en verdad, la descripción de la Sophia Libro de la Sabiduría contiene, en una manera casi profética, elementos que consienten un paralelismo entre la descripción de la Sophia y la figura de la Virgen María. De hecho, en el Libro se dice que los dones de Dios se vierten sobre los hombres mediante Su figura y Su presencia. Presencia eterna, y no ligada a un evento terreno, como la pretende la doctrina tradicional católica que habla de su nacimiento natural, aun ennoblecido por la inexistencia del pecado original, dogma que, como ya se ha recordado, se remonta sólo al siglo XIX.

En un trabajo anterior[140] señalé que existe una correspondencia casi literal entre las palabras que el Libro de la Sabiduría le dedica precisamente a la Sabiduría y los títulos con los que es honrada la Virgen en las Letanías

---

138 Cf. Impieri, M., *Yahweh e la Natura del Figlio - Effetti del Passaggio dal binitarismo al Trinitarismo,* pág. 54.

139 Con una impostación más próxima a la nuestra, el Padre Alviero Niccacci, en *Fondamenti veterotestamentari del dogma cristiano della SS. Trinità,* habla de los altamente creíbles rastros del dogma cristiano de la Trinidad presentes en el Antiguo Testamento, especialmente, en la literatura sapiencial. Y dice: "Siguiendo las trayectorias que unen y enlazan en profunda armonía los dos testamentos, se tiene la confirmación de que los rastros identificados leyendo el Antiguo Testamento con ojos cristianos son realmente revelaciones progresivas que la Trinidad ha sembrado a lo largo de los siglos hasta la completa autorevelación de su misterio en Jesucristo".

140 Cf. Di Marino, F., *Sophia. Il ritorno della Gnosi,* Milano, 2004, pág. 36 y ss.

Lauretanas, mucho más tarde: el origen se establece en la primera mitad del siglo XVI. Lo veremos más adelante. He aquí el paso ulterior que Scholem no da, no obstante su trabajo doctísimo.

Por lo demás, era la misma cultura hebrea que debía reconocer la existencia de una manifestación femenina de Dios: y esto habría de suceder con el nacimiento de la Qabbalah.

Un remoto progenitor de esta forma de pensamiento y de estudio, al menos en la concepción de un Dios que se manifiesta en forma femenina, se puede encontrar en Marcos, discípulo de Valentín, que "obtuvo la revelación cuando la altísima Tetras de lugares invisibles e innombrables había descendido hasta él en forma de mujer, porque el mundo no habría podido soportar su figura masculina".[141]

Pero era necesario esperar a la Edad Media y el nacimiento de la Qabbalah, entre los siglos XII y XIII, para que la figura femenina de la Divinidad obtuviera ciudadanía plena en la teoría de las Sephirot. Y también en esta teoría, el árbol de las Sephirot, que se configura como el árbol de la vida y al mismo tiempo como *axis mundi*, desciende de En Soph, lo Incognoscible sin forma, hacia lo bajo, esto es, hacia la dimensión del hombre, con la figura femenina de la Shekinah.

A propósito de esta Sephirah, se lee en Scholem:

"La presencia de la Shekkinah como elemento femenino, al mismo tiempo madre, esposa e hija, en el interior de la estructura de la Divinidad, representa un paso muy significativo y pleno de consecuencias (…) Los cabalistas habían tocado una exigencia primaria esencial descubriendo una imagen religiosa entre las más persistentes, presente en forma latente también en el judaísmo (…) En otras palabras, puesto que evocaba la representación de la Gran Madre, ella encontraba para sí símbolos hebreos adecuados".[142]

Pero muy significativa es también la afirmación de Moshes Cordovero que escribe que la presencia divina desciende a la tierra y hasta el punto extremo de los abismos. Ahora bien, lo dicho representa una demostración que a la manifestación femenina de Dios se atribuye también un carácter ctónico (o telúrico). Esto se remonta a los arquetipos más remotos en la historia de la humanidad: la ambientación entre peñas o en cavernas recuerda

---

141 Este teólogo, nombrado en Ireneo en su *Adversus haeresis*, es citado por Scholem en *La figura mistica della Divinità, op. cit.* pág. 20.

142 *Ibid.* pág. 141 y ss.

 ¿Quién eres, oh, Señora? La búsqueda de Dios de un gnóstico contemporáneo

el carácter ctónico de la divinidad original que se manifiesta a veces en bosques o junto a aguas. Como hemos dicho, a propósito de la Diosa Madre, divinidad celeste y ctónica, también la Virgen de la religión cristiana, cuando se manifiesta en este mundo, evidencia, junto con las características divinas, elementos ligados a la realidad terrestre; más aun, a veces, al subsuelo. El brotar de aguas cargadas de una energía inexplicable, su aparición en una gruta, el estar representada con rostro de color negro, confieren un significado peculiar al antiguo culto celeste ctónico de una Virgen Madre.

Podríamos remontarnos a la vieja ciencia alquímica, para ver en estas manifestaciones de la Virgen el *lapis exillis*, la preciosa piedra que bajó del cielo y está escondida en el seno de la tierra: *Visita interiora terræ, rectificando invenies occultum lapidem* (v.i.t.r.i.o.l.), la piedra oculta que es la materia prima de la Gran Obra, Jesús redentor. Pero esto nos llevaría demasiado lejos.

James S. Cutsinger da una explicación todavía más sugerente de este culto de las Vírgenes Negras. Sobre las huellas de los estudios de Frithjof Schuon[143], subraya cómo el color negro, evocado en el Cantar de los Cantares, representa el carácter secreto y sobrenatural de la Gnosis, la naturaleza de la Virgen "divinamente oscura –es decir, no manifiesta e infinita– en su suma belleza".

Pero no podemos dejar de recordar la importantísima –y a veces subestimada– contribución a los estudios sobre lo Femenino en la Divinidad ofrecida por la sofiología rusa. Hubo, en efecto, en Rusia, durante el furor del peor materialismo que la historia haya conocido, una corriente que revitalizó el concepto divino de María. En 1924, Sergej Nicolaevic Bulgakov fue acusado por las autoridades religiosas rusas de introducir a una cuarta persona en la Trinidad: la "Sabiduría", fuerza cósmica y mediadora entre Dios y el mundo. En realidad, Bulgakov compartía con Solov'ev y Florenskij el intento de elaborar una filosofía cristiana de la Sabiduría.[144]

A su vez, Pavel Florenskij concentraba su atención en el pensamiento matemático moderno, que permite reconocer la relación constitutiva entre finito e infinito, unidad y multiplicidad. Berdaiev, comentando un pasaje de Jakob Boehme, afirmaba "Sólo en María, Madre de Dios, vuelve a la tierra la Virgen celestial, la Sophia".

---

143   Cf. Schuon, F.*, Sedes Sapientiæ. On the Face of Absolute*, Bloomington, World Wisdom Books, 1989. Véase también, del mismo autor, *To Have a Center*, citado por Cutsinger, J. S., "The Virgin Sophia", *The Journal of Traditional Studies*, vol 6 nº 2, 2000.

144   Cf. Bulgakov, S.N., *L'Agnello di Dio. Il mistero del Verbo incarnato*, Roma, 1990.

La Sabiduría es la que permite al hombre adquirir el conocimiento verdadero, ése que se obtiene atravesando el umbral del que habla Jung: como hay un umbral que se abre sobre el infrarrojo del subconsciente, así hay también una *puerta estrecha* (¡las palabras de Jesús!) que se abre sobre el ultravioleta de lo anímico y de lo espiritual. Es la región en la que el conocimiento racional no puede penetrar,[145] es el lugar donde, como dice Pessoa, tiene lugar la conjunción de los dos poderes de la Fuerza, de los dos lados del Conocimiento. Es la Sabiduría que se consigue a través de la participación ontológica de la verdad misma; no un proceso racional, no un sujeto que "prende" un objeto, sino la identificación, precisamente ontológica, entre sujeto y objeto: la Gnosis que Servadio define como "la experiencia de la trasmutación o metamorfosis interior, la gnosis iluminante que vuelve a dar al hombre, en un segundo nacimiento, la unidad perdida".[146]

Este proceso está presidido –y el hombre lo supo desde siempre– por una Virgen guía de su recorrido espiritual, hasta que Su aparición en la historia como Virgen María le confirió esos delineamientos definidos y precisos que permiten hoy al Peregrino del Espíritu llamarla con los nombres más sagrados y evocadores de la luz y de la Sophia; en otras palabras, de la divinidad.

Carl Gustav Jung toma en consideración las polaridades: Espíritu Santo, Padre, Hijo, María, entendiendo a María como polaridad femenina de la Santísima Trinidad a causa de su relación con el Espíritu Santo. El Espíritu Santo es lo que la convierte en seno que puede generar el ser que realiza en sí mismo las dos naturalezas: la humana y la divina.[147]

---

145 Véase la referencia a la carta de Cantor citada por R. Rucker.

146 Cf. Servadio, E., *Passi sulla via iniziatica*, Roma, 1977. Véanse particularmente los capítulos 24, 25 y 28.

147 Cf. Jung, C.G., *La Simbologia dello Spirito*, Torino 1975. Lo recuerda Maria de Falco Marotta en un artículo de la *Gazzetta di Sondrio* de agosto de 1997.

7

La meta: la Gnosis, María, la divinidad sobre la tierra

En distintos puntos de los capítulos precedentes hemos encontrado las figuras que preparan, prenuncian histórica o poéticamente la existencia de la *Sedes Sapientiæ*: desde las vírgenes de luz de la filosofía oriental, a la Shekkinah de la Cabala, a Matilde y Beatriz en Dante. Ellas predisponen al hombre al encuentro fatal, el encuentro con la Virgen Sophia quien –ella sola– permite el acceso a la gnosis de Dios. Repetimos nuevamente que el culto originario del hombre ha sido un culto femenino: la gran Madre era, al mismo tiempo, una divinidad celeste y ctónica, diosa de la fertilidad, de la caza, símbolo del renacimiento cíclico de las estaciones como de la vida humana.

Hemos hablado del aspecto femenino de la maternidad, que permaneció en el Olimpo de los dioses helénicos, de la Teogonía de Hesíodo, que muestra a Gaia como hija del Caos y creadora del orden universal, pero, sobre todo, capaz de concebir sin intervención masculina. Todo ello llegará hasta las religiones históricas, a Mitra, y se volverá realidad sobrenatural en la Virgen María. También recordamos el escándalo suscitado cuando los cristianos que seguían a San Pablo comenzaron a afirmar la unión entre María y el Espíritu Santo ("¿Cuándo una mujer ha concebido de una mujer?").[148]

Se llega así a la idea de María como *Sedes Sapientiæ*. Consideramos que ella desciende hacia nosotros y despierta esa Sabiduría escondida que, a veces inconscientemente, llevamos, acaso a manera de nostalgia, dentro de nosotros. Y es por su virtud, por su fuerza que la Sabiduría baja sobre nosotros; de ahí que Schuon concluya diciendo: "La sede inmanente de la Sabiduría está en el corazón humano".[149]

---

148 Ver nota 105.

149 Schuon, F. *In the Face of the Absolute*, London, 1989, pág. 144.

Así pues, el hombre supo desde siempre que una Figura femenina preside el mundo del Espíritu: se ha dado imágenes diversas de ella, hasta que esta Figura, aun en la incertidumbre de muchos acerca de su relación con el misterio trinitario de Dios, ha tenido su triunfal manifestación en la gloria de la Virgen, de la Sabiduría, de lo Divino.

Las iglesias cristianas han perseguido, mejor sería decir "han apelado", durante dos mil años a la idea de la divinidad de María, con concesiones tanto graduales cuanto parciales: en el Concilio de Éfeso (431) costó incluir –al precio incluso hasta de luchas que terminaron en homicidios– sobre María la declaración "que ha parido a Dios" (tal es el significado de θεότοχος (del griego τοχάς, puérpera, y τόχος, parto). Por su parte, la Inmaculada Concepción, es decir, el hecho (del que no hablan los Evangelios sino escritores cristianos de los primeros siglos) de que María fue preservada inmune del pecado original desde el primer instante de su concepción, fue declarada dogma en 1854.

Hemos recordado que en 1950 el Papa Pio XII instauró como dogma el hecho de que la Virgen María, habiendo concluido el curso de su vida terrena, fue recibida en la gloria celestial "en alma y cuerpo". Ahora bien, en ninguna página de las Sagradas Escrituras se provee el origen de la elaboración de estos excepcionales privilegios.

El dogma de la Inmaculada Concepción, sin embargo, contrasta con el mismo pensamiento cristiano, de San Pablo, por ejemplo, que afirma que la Escritura enseña que nunca nadie estuvo exento del pecado de Adán: "no hay ningún justo, ni siquiera uno".[150] Este dogma aparece, con todo, en algunos textos que son, todos, posteriores al siglo I. Entre ellos, el así llamado Protoevangelio de Santiago, compuesto entre el año 140 y el 170, en el que se menciona a un Ángel que habría comunicado a los padres el nacimiento de María como una gracia especial. El mismo Protoevangelio cuenta que María recibió el alimento de manos de un Ángel durante toda su permanencia en el tempo de Jerusalén. Como se ve, se trata de narraciones agiográficas y legendarias.

La Iglesia considera que el fundamento de la Inmaculada Concepción reside en el saludo del Arcángel Gabriel que habría dicho "Ave, plena de gracia", frase que se encuentra sólo en el Evangelio de San Lucas (y no se

---

150 *Romanos* 3, 10.

sabe cuál ha sido la fuente de Lucas, ausente ciertamente en el hecho) y que bien puede haber sido piadosamente inventada o reelaborada por el Evangelista. Aún posteriores son los textos de San Agustín, Proclo, Theoteknos de Livia, todos pertenecientes a los siglos que siguen al tercero.

Está también quien sostiene que le término "Virgen" fue erróneamente atribuido a María en el ámbito de una traducción del hebreo al griego y que fue mantenido por los cristianos para favorecer la eventual conversión de los hebreos entre los cuales subsistían rastros de la antigua devoción matriarcal por la Madre Tierra, elaborada en devoción por la Ruah. Éste es sustantivo femenino, que se transformó después en adoración del Espíritu Santo. De hecho, el término griego que significa "joven mujer" habría sido traducido en el griego "virgen", y este error fue mantenido en los siglos; más aun, elevado a la categoría de elemento de fe.

Las historias de una mujer terrena, relatadas de varias maneras más de cien años después, por los Evangelios y por los escritores posteriores con fines hagiográficos, de proselitismo o por errores lingüísticos o por narraciones legendarias no nos interesan. Permanezcamos en la palabra de Dios, que está en la Sagrada Biblia.

Mucho menos nos detendremos ante otros elementos que a menudo han sido evidenciados, sin embargo, con intenciones polémicas,[151] como la pretendida contradicción constituida por el sacrificio que ofreció María en el acto de la Presentación del Hijo en el Templo. Si no tenía pecado, se nos pregunta con tono polémico, como para insinuar la duda, ¿por qué habría debido expiar su no-pecado con el ofrecimiento al Templo? Es demasiado fácil responder que un gesto devocional requerido por la tradición hebrea, bien pudo haber sido hecho sólo por respeto a la tradición misma.

Dos ulteriores consideraciones. En su breve pontificado, el Papa Juan Pablo I declaró que "Dios es también madre", con la consecuente reacción negativa del entonces Cardenal Ratzinger, después papa, que ha afirmado –y es una hermosa y drástica afirmación– que "Dios es Dios. No es ni hombre ni mujer; está más allá de los géneros. Es el totalmente Otro".

Y sin embargo, en las bellas metáforas de Dios se Le atribuyen también caracteres femeninos. Anota el sabio Cardenal Ravasi:

---

151 Por ejemplo, Rodriguez, P. *Verità e Mezogne della Chiesa Cattolica*, Riuniti, Roma, 2004.

"Cuando se habla, por ejemplo, de la piedad de Dios, no se recurre al término abstracto de piedad, sino a un término pleno de corporeidad, *rachamim*, el seno materno de Dios, que simboliza precisamente la piedad. Gracias a esta palabra se visualiza la maternidad de Dios también en su significado espiritual. Se trata del sustantivo plural *rahamîm* (la h es aspirada), usado en el Antiguo Testamento 39 veces (existe también el singular *rehem*, 30 veces, mientras que el verbo de base resuena en 47 ocasiones). Más allá de la estadística, el valor del término es sugestivo. Se designa, de hecho, casi siempre el seno materno, las entrañas generativas, y pasa a un significado emocional, destinado sobre todo a exaltar la misericordia tierna del Señor. Ser misericordioso es, entonces, según la Biblia una cualidad específica divina".

Según mi pensamiento de creyente libre (libre, pues, de cualquier dogma y libre en el examen de los textos antiguos) no hay necesidad de ninguna elaboración o de forzar escrituras, no hay necesidad alguna de proclamaciones parciales y tardías; es menester sólo que se acepte una interpretación que aparece realmente fundada y obvia: lo Divino Femenino existe antes que Dios crease al mundo, estaba en Su mente mucho antes que lo enunciara en la condena a la serpiente: "Cuando no existían los abismos yo fui generada, cuando aún no había manantiales". La Mujer que Dios declara enemiga del demonio y su vencedora en la última batalla no es por cierto Eva, pobre pecadora nacida de una costilla de Adán para que él "no esté solo"; es la Mujer revestida de sol que Juan percibirá en su Visión, el Principio femenino que reside en la mente de Dios,[152] desde el comienzo de Sus actos… desde la eternidad… cuando no había hecho el cielo ni la tierra… la Sabiduría, que todavía hoy honramos llamándola "la *Sedes Sapientiæ*", que, cuando los abismos formaron el tiempo, fue durante milenios Diosa desconocida, llamada con tantos nombres, y después, finalmente, "la Virgen".

La Mujer que derrotará con Su estirpe al enemigo no es –repito– como pretende la Iglesia, Eva, y ésta, a su vez, no es la prefiguración de María. Es una mujer mortal, que pecó por ingenuidad o por ansia de saber, extraída de una costilla del Adán durmiente ("porque no está bien que el hombre esté solo: le haré una ayuda semejante a él"), cuya estirpe de desobedientes no puede combatir a la serpiente a la que obedeció tontamente.

---

152 *Proverbios* 8, 22 y ss.

Hay, según hemos visto, otra Mujer, o mejor, un Principio que en los *Proverbios* se manifiesta y se expresa en femenino, la Sabiduría que reina cerca de Dios. Es la Mujer revestida de sol, frente a la cual los Ángeles guiados por San Miguel[153] sepultarán al Dragón, la Mujer de la que nacerá, por partogénesis divina, un Hijo "destinado a apacentar a todas las naciones". Ver en esa Visión resplandeciente una prefiguración de la Iglesia (no se entiende si es la de Roma) se vuelve, a la luz de la historia eclesiástica de los últimos dos mil años, algo tonto si no casi blasfemo.

Y la Mujer vestida de sol, con la luna bajo sus pies y sobre la cabeza una corona de doce estrellas, es aún, en el último libro de la Biblia, la Mujer que hemos visto prefigurada en el primer Libro y cantada en los Proverbios y en la Sabiduría. Y, por favor, no nos olvidemos, como hacen algunos, cuál es el significado del símbolo de las alas del águila o el del tiempo, dos tiempos y mitad de un tiempo. Lo entenderán los felices que, en las postrimerías de la historia, habrán quedado del lado de Dios.

Preguntémonos por qué la visión de esa Mujer permanece con Dios y por qué el antepenúltimo versículo del Apocalipsis nombra al "Espíritu y la Esposa". No puedo decir sino que desde antes del comienzo de los tiempos y hasta el fin de los tiempos, una figura femenina, la Virgen, está siempre con Dios, desde las primeras palabras a las últimas de la Biblia

Y si puedo hacer una última reflexión, que resume mis convicciones personales, séame permitido decir que hay una sola figura divina permanente en la Escritura, desde el Génesis hasta el Apocalipsis, junto a Dios y al Logos, una figura femenina −como la había en todos los pueblos precristianos− que contiene en sí la Sabiduría y la Victoria sobre el mal, funciones que la Iglesia de los primeros siglos ha confiado al Espíritu Santo, modificando una realidad que existía, escrita por los Profetas bajo inspiración divina a lo largo de los milenios, el Espíritu de la Sabiduría. Sólo la Sabiduría, el Espíritu que procede del Padre y del Hijo, la Virgen, podrá convencer al mundo, como preanuncia Jesús, "en cuanto al pecado, a la justicia y al juicio". Será la Mujer revestida de sol, con la luna bajo sus pies y sobre su cabeza una corona de doce estrellas, que precederá el descenso desde el cielo de la Jerusalén Celeste.

---

153 San Miguel, el *princeps divinae militiae* , cuya oración de las Preces Leoninas de 1883 se recitaba al final de la Misa y que la desdichada reforma litúrgica postconciliar ha cancelado.

Epílogo

En las raíces paganas de nuestra civilización se encuentra el mito de la Esfinge, monstruo de rostro de mujer siniestra, cuerpo de león y alas de ave rapaz. Como se recordará, esta figura deforme planteaba a los hombres un enigma: ¿cuál es el animal que de mañana camina en cuatro patas, a mediodía con dos y a la noche con tres? La Esfinge devoraba a quien no supiera dar con la respuesta correcta. El único capaz de hacerlo fue Edipo: "Es el hombre –dijo– puesto que de niño avanza a cuatro patas, cuando es adulto camina sobre sus dos piernas, y de viejo se sirve de un bastón". Vencida, la Esfinge se mata. Pero la respuesta de Edipo plantea a su vez la pregunta siempre viva: ¿qué es el hombre?

Desde hace ya mucho que hemos olvidado preguntárnoslo. Los antiguos, en cambio, sabían que el hombre es por lo menos tridimensional: está constituido por cuerpo, alma y espíritu, dimensiones que interactúan. De hecho, se trata de una doctrina que los estoicos han transmitido a San Pablo. En el trascurso de los siglos hemos hecho desaparecer el espíritu en el alma, en el sentido de "esconderlo" en ella. Y el alma se ha visto reducida finalmente a una secreción del cerebro.

Es esto precisamente lo que lleva a Francesco Di Marino, al comienzo de su espléndido ensayo, a decir: "estamos encadenados, en la inadecuación de nuestros sentidos, a un conocimiento extremadamente limitado… mientras nos está cerrado el conocimiento directo del mundo del espíritu", como si fuéramos, agregaría, sólo cuerpo, todo lo más *ratio ratiocinantis*. Y se afirma que más allá existe sólo la nada. ¿Qué puede ser el Infierno sino la frustración de un alma que, puesto que es todavía alma, descubre demasiado tarde que ha desperdiciado su vida; de ahí "el llanto y el rechinar de dientes". Ha desconocido la dimensión del espíritu, la que nos hace seres humanos plenos, verdaderos.

Acaso por esto, según mi interpretación, la Esfinge, ante la respuesta neta de Edipo a su triple pregunta, se mata. El monstruo del rosto siniestro no soporta el afirmarse de este ser pleno, *in progress* durante toda su vida sobre esta tierra, que procede a tientas primero, que se yergue con orgullo sobre sus pies después y que, al final, reconoce la propia necesidad de ayuda para continuar avanzando en el tiempo hacia el no tiempo. Ante el dinamismo de la Vida, pues, la Esfinge, inmóvil en su ceguera, se autodestruye.

Lector atento y heredero de San Pablo, San Agustín atesora la perspectiva tridimensional del hombre y de su condición temporal. Precisamente en el undécimo libro de las *Confesiones*, el que dedica al problema del tiempo, se encuentra un pasaje clave para la comprensión de toda la obra. Se trata de *Confesiones* XI, 29, 39:

> "… he aquí que mi vida no es sino distracción [*distentio*], pero tu diestra me recogió en mi Señor, el Hijo del Hombre, mediador entre Tú, uno, y nosotros, muchos, cada uno dividido en muchas partes por múltiples cosas [*nos multos, in multis per multa*], para que mediante Él yo alcance a quien me ha alcanzado y me recomponga después de los días antiguos, siguiendo lo Uno. Olvidado de las cosas pasadas, pero tampoco volcado hacia las futuras, que pasarán, sino hacia las que están antes de todo, no disperso, sino protendido [*extentus*], no con dispersión sino con atención, persigo la palma del llamado celestial. Entonces, oiré la voz de tu alabanza y contemplaré tus delicias que no van ni pasan. Ahora mis años transcurren entre gemidos, y mi consuelo eres Tú, Señor, Padre mío eterno. Yo me desgarré en los tiempos, cuyo orden ignoro, y mis pensamientos, íntimas entrañas de mi alma, están lacerados por multiplicidades tumultuosas. Hasta que llegue el día en que, purificado y fundido en el fuego de tu amor, yo confluya en ti".[154]

Todo el pasaje, cuyo eje es la dialéctica tiempo humano-eternidad divina, se basa sobre las nociones fundamentales de *distentio* y *extensio*, con sus respectivas variantes. Entre ellas, se encuentra la mediación ineludibile de *intentio*. Como está claro, los tres vocablos presentan la raíz *–tent–* que

---

154 Versión propia: San Agustín, *Las Confesiones*, Buenos Aires, Losada, 2005.

alude al movimiento o a la tensión; a ella se unen los prefijos *dis, in* y *ex*, para sugerir la dirección del movimiento.[155]

Lo que es decisivo para nuestro tema son las etapas sucesivas de la *dispositio animi* para llevar adelante este *itinerarium mentis in Deum*. Aun cuando San Agustín no siempre es preciso en el uso de la palabra *animus* (en su léxico, *spiritus* o también *mens*), ya que a veces usa *anima* para aludir al espíritu humano, en un contexto como el que ahora nos ocupa, hace perfectamente la distinción. Aquí subrayamos, entonces, que se trata de la *dispositio animi*, es decir, del espíritu.

La desintegración de la vida humana, su deshacerse, tiene lugar, y hasta se hace evidente cuando se aleja de la fuente del Ser.[156]

Así, en este pasaje, *distentio* señala un movimiento hacia lo externo y, por así decir, hacia lo que es inferior en la propia vida, en términos que hoy llamaremos "de valores". Por eso, indica la dispersión de la atención profunda –es decir de la energía– que el espíritu padece cuando se deja engañar por las múltiples y diversas preocupaciones y deseos de lo que es transitorio. La condición lábil de aquello que es sólo contingente se transmite al mismo *animus,* puesto que constituye en esta etapa su contenido; así lo lacera, he aquí por qué Agustín usa el "*dissilui*".

Precisamente esto es lo que aleja definitivamente las *Confesiones* agustinianas del diario íntimo de los modernos: las *Confesiones* no son en absoluto una transcripción de los movimientos del alma sino el rastreo del hilo conductor que los relaciona, que los enlaza. Justamente, cuando ese hilo, esa unidad se rompe, se cae en la *distentio animi*. Y es una experiencia de dolor sutil y profundo, en tanto que frustrante respecto de la última vocación de la vida humana: "*et inquietum est cor nostrum donec requiescat in Te*".

Sin embargo, quienes creemos en un horizonte trascendente de la vida y, al mismo tiempo, en la libertad, no podemos renunciar a la posibilidad de contraponer a este primer movimiento de la *distentio* otro: es el de la *intentio*. Por ser contrario a la dispersión, *intentio* indica un replegarse de las fuerzas del espíritu y alude a una percepción particularmente contemplativa sobre la esencia de las cosas: es, pues, concentración.[157]

---

155 O'Daly ha rastreado filológicamente estos términos latinos, especialmente el primero de ellos después de haber detectado que Agustín elabora todo el pasaje sobre la base de su lectura de la carta paulina a los *Filipenses* 3, 12-14. Cf. O'Daly, G.S.P., "Time as distentio and St. Augustine's Exegesis of *Philippians* 3, 12-14", *Revue des Études Augustiniennes* XXIII, 3-4 (1977), págs. 265-271.

156 Plotino usa un término equivalente a *distentio vitae* en *En*. 3, 7, 11.

157 Por ejemplo, cuando, en *Confesiones* X, 6, 9 San Agustín habla de su búsqueda

De esto resulta que en la *intentio* el espíritu se vuelve consciente de su identidad como actividad, por tanto, de la propia potencia. A diferencia de cuanto sucede en la dispersión, la suya es una actividad consciente de sí en la que adhiere a sí misma y al mundo, cuyo significado ha precisamente "intentado" comprender. La importancia de la *intentio* como *attentio* la vuelve así un polo que unifica la conciencia.

En lo que concierne al problema del tiempo, la *intentio* ya no tiene que ver con los *tempora*, es decir, con los acontecimientos que se llevan consigo jirones del alma, sino que conforma un presente del espíritu a través del cual se da el paso del pasado al futuro. Por eso, constituye el presente por excelencia del espíritu. Más aun, es justamente mediante la *intentio* que tiene lugar la manera humana de vivir el tiempo: si la historia personal puede darse, es porque esta re-flexión sobre la interioridad permite al hombre descubrir un fundamento atemporal potencialmente ajeno al devenir.

En la culminación de este proceso intuye la Verdad que, incluso inconscientemente, andaba buscando, pero de la cual participa también como espíritu. El punto de llegada de la *intentio* encamina así al hombre al encuentro con Dios que, para decirlo con las mismas palabras agustinianas, habita "*interior intimo meo*". Es la *memoria dei*.

Precisamente para llegar a ese Dios intuido en la intimidad del alma, en su humus más profundo, en el espíritu, se debe llevar a cabo otro tipo de movimiento. Este movimiento es comparable al de una cuerda que, después de haber recogido todas sus hebras, debe protender hacia lo alto, o sea, hacia aquello que es superior a sí misma. Este tercer movimiento es la *extensio*. Consiste en el impulso con el que la *mens* humana tiende con todas sus fuerzas hacia lo que es superior a sí misma, supremo y eterno. Y aquí no hay que olvidar que San Agustín no sólo dice que Dios habita "*interior intimo meo*" sino que agrega que es "*et superior summo meo*": superior al espíritu.

La *extensio* no es sólo *expectatio*, no se juega, pues, en el tiempo, sino en la tensión hacia el no tiempo, precisamente, hacia la eternidad. Así, el "éxtasis de Ostia" es una verdadera *ascensio* que, por lo demás, San Agustín ha compartido –no lo olvidemos– con su madre. Y subraya que

---

sobre la causa de los seres naturales y su belleza, dice: "*interrogatio mea* intentio *mea*". La misma *interrogatio* tiene, más allá de su ascesis formal, una desesperada (no desesperanzada) oración: la que clama. Para proseguir con la ascensión es necesario renunciar a la certeza. Sin embargo, la tentación de aferrarse a ella subsiste. Y desde hace tiempo en muchos la certeza del dogma religioso ha trasmutado en tecnológica.

en esta ascensión "*et praeterita obliviscentes in ea quae ante sunt* extenti *quaerebamus inter nos…*", donde las cosas que "*ante sunt*" han de ser comprendidas obviamente en sentido metafísico. Por eso, es necesario que la atención deje atrás todo lo que es superfluo y viejo en la vida del hombre, justamente para abandonarse por completo a la *extensio*.

Pero, ¿es suficiente esta actitud, este impulso renovado, con nuestras solas fuerzas, si no se está convencido de que existe una Verdad?

El trabajo de Francesco Di Marino se apoya sobre el principio femenino de la divinidad, principio arquetípico y primigenio de todas las religiones. Él lo demuestra con una erudición que recomiendo al lector seguir atentamente con la disposición del *open minded*.

Este principio femenino es la Santa Sophia, la Virgen, que transforma el sentido de lo terrible propio de la alteridad de Dios en la expresión de lo grandioso. Los griegos tenían una palabra para ambas cosas: *deinón*. Llamaban así a lo que despierta estupor a tal punto que deja sin aliento, sea en el sentido del terror, sea en el positivo de lo que hoy llamamos "admiración". Por eso, *deinón* puede adjetivar un campo de concentración, una escena de guerra, o bien la belleza inefable de un atardecer sobre el mar.

Muy atrás de esta posible contemplación se encuentran los diálogos que San Agustín sostenía con sus amigos en Casiciacum, no en vano llamados "filosóficos".

Distinta, ciertamente, debe de haber sido la conversación que sostiene con su madre en el también llamado "éxtasis" de Ostia. Nótese que quien le habla precisamente de la Escala que conduce a la plenitud de Dios es una mujer, una mujer que, a juzgar por el contenido de sus palabras en ese diálogo, estaba más allá de nuestros pobres instrumentos cognoscitivos y de las vacilaciones esforzadas de los diálogos filosóficos. Muchas veces he pensado que Mónica ha de haber tenido en ese momento un reflejo iluminado del rostro de Santa Sophia.

No está dicho que esto sea imposible para todos: "Podemos prepararnos –sostiene Francesco Di Marino– para acceder a un mundo siempre más próximos a Dios", hasta donde lo permitan las fuerzas crecientes de un Hombre destinado a transformarse en *megas anthropos,* hasta donde él pueda contar con el apoyo de las potencias intermedias, hasta donde se sostenga la tensión (ésa que nuestro Agustín de Hipona llamaba "*extensio*") hacia la Sophia, la *Sedes sapientiæ*.

No se niega, por cierto, la divinidad de Cristo, con su Nacimiento, su Transfiguración y su Resurrección; por el contrario, se afirma que es la irrupción de lo Sagrado en la historia de los hombres. Pero para hacer el trabajoso recorrido inverso y continuo, la ascensión del hombre solitario que durante su vida terrena se vale de su piernas y hasta de un bastón, hay que tener siempre presente la Meta última, la *Sedes Sapientiæ*. La tradición ha querido recordarla en la figura de la Virgen que pisa y destruye la cabeza de la serpiente. Y es precisamente esto lo que corrobora su pertenencia a la divinidad y lo que la contrapone a la cara, también femenina pero siniestra, de la Esfinge. El Suyo es, en cambio, el rostro materno y al mismo tiempo divino.

Una pintura de Rembrandt nos ofrece una maravillosa síntesis de esto. Se trata del "Regreso del hijo pródigo". Realizada probablemente en 1668 y conservada en el Museo del Hermitage di San Petesburgo, se inspira en la parábola narrada en el Evangelio de San Lucas (15-11-32). Comencemos por las tres figuras que están como en un cono de sombra: el hijo primogénito que ha hecho "todos los deberes" asignados por las tradiciones, pero que nunca ha conocido en verdad al Padre, y está acompañado por los que son quizá dos sirvientes.

Los tres tienen las manos cerradas o cruzadas sobre el pecho. Para decirlo en términos agustinianos, después de haberse perdido en la *distentio,* no tuvieron la *intentio* de abrir los brazos para ir a tientas en búsqueda de la verdad. No sólo los sirvientes sino también el hijo mayor, erguido y desdeñoso, tiene la mirada oscura de quien no ha comprendido. Aun estando en presencia de la divinidad luminosa, permanecen, sin embargo, presentes y aislados en la penumbra. En cambio, para el hijo pródigo, la *extensio* se prolongará en una fiesta eterna, infinita, en la que se identificará con Dios.

Volvamos a las dos figuras centrales de la pintura, iluminadas por la comprensión y el gozo final. El hijo pródigo no tiene casi cabellos, signo de penitencia y de pureza; el largo camino hecho le ha lastimado los pies, consumido el cuerpo y destrozado la vestimenta durante su viaje de regreso. Éste se puede imaginar presuroso para alcanzar la paz y la riqueza del espíritu. De hecho, al llegar, apoya confiadamente la cabeza sobre el pecho del Padre, cuyo manto lo envuelve y lo acoge a la manera de un vientre materno.

Sin embargo, son los brazos y las manos del Padre lo que en algunos ha despertado sorpresa en esta obra de arte que, por lo demás, pertenece al último período de Rembrandt. Las manos de Dios son realmente el eje de toda la composición. La mano izquierda, sobre la espalda del hijo pródigo, es grande, robusta, con los dedos separados como queriendo hacer que el abrazo sea más amplio y también más seguro: incluso se advierte una cierta presión del pulgar. Por eso, sostiene y transmite seguridad a quien finalmente llegó. La mano derecha, en cambio, es más afinada, decididamente femenina, fina y suave. Se apoya con ternura sobre el hombro del hijo. Inspira así toda la dulzura de la fuente misma de la Sabiduría. Es la mano de una madre. Pero es siempre una mano de Dios. Mejor aun, esta madre, la Sabiduría, *es* Dios.

Silvia Magnavacca

BIBLIOGRAFÍA

Las citas bíblicas se hacen según la *Sacra Bibbia*, de las Edizioni Paoline

AMBESI, A.C.,
I Maestri del Tempio, Milano, 1995.

ANTISERI, D.,
Cristiano perché relativista, relativista perché cristiano, Palermo, 2003.

BAGET BOZZO, G.,
Il Futuro del Cattolicesimo, Torino, 1997.

BARTOCCI, C.,
Una piramide di problemi. Storie di geometria da Gauss a Hilbert, Milano, 2011.

BERNARDI GUARDI, M.,
"La crisi del mondo moderno di R.Guénon", in *Abstracta* n° 7, agosto-septiembre 1986.

BOCCASSINI, D.,
"Il silenzio delle parole", en *Transmutatio, Quaderni di studi indo-europei V*, 2012.

BONVECCHIO, C.,
Introduzione a Gianfranco De Turris, Come sopravvivere alla modernità, Milano, 2000.

BRADWARDINE, T.,
Dei contra Pelagium et de virtute causarum, ed. Savile, Londres, 1618.

BULGAKOV, N.,
L'Agnello di Dio. Il mistero del Verbo incarnato, Roma, 1990.

CARNAP, R.,
"Il superamento della metafisica mediante l'analisi logica del linguaggio", en Il neo empirismo, Torino, 1969.

CRATERI, M.,
(ed.) "Vangelo di Filippo", 17, en I Vangeli Apocrifi, Einaudi, Torino, 1969.

CUTSINGER, J.S.,
"The Virgin" en Sophia, The Journal of Traditional Studies vol 6 n° 2, 2000.

DOBBS, B.J.T.,
The Foundations of Newton's Alchemy, or the Hunting of the Green Lion, Cambridge University Press, 1975.

DUBY, G.,
Mille e non più mille, Milano, 1994.

DUMÉZIL, G.,
Riti e leggende del mondo egeo, Palermo, 2005.

ELIADE, M.,
Il mito della reintegrazione, Milano, 1989.
Trattato di Storia delle Religioni, Milano, 2008.

FLORENSKIJ P.,
Lettere dalle Solovki, tr. it. "Non dimenticatemi", Milano, 2000.

FLUDD, R.,
Utriusque Cosmi Historia, Kessinger, 2010.

GILCHRIST, Ch. y CUCCHI, V.,
L'Alchimia, Milano, 1993.

HEIDEGGER, M.,
Essere e Tempo, Longanesi, 2005.

HŰBNER, H.,
"La Sapienza di Salomone e la filosofia antica", en *La Sapienza di Salomone,* Brescia, 2004.

JUNG, C.G.,
La Simbologia dello Spirito, Torino, 1975.

JŰNGER, E.,
La forbice, ed. it., 1966.

LEGOFF, J.,
La nascita del Purgatorio, Torino, 1996.

LUCENTINI, P.,
(ed.), *Il Libro dei Ventiquattro filosofi*, Milano, 1999.

McGINN, B.,
L'Anticristo, Milano, 1996.

OTTO, R.,
Il Sacro, Milano, 2009.

OUSPENSKIJ, P. D.,
Tertium Organum, ed. it., 1983.

PERA, M. - Cardinale RATZINGER,
Senza Radici, Mondadori, Milano, 2005.

PESSOA, F.,
Pagine esoteriche, Milano, 1997.

PORTONE, P.,
L'ultimo Sigillo, Milano, 1999.

RADICE, R.,
Allegoria e Paradigmi etici in Filone di Alessandria, Brescia, 2000.

RAVASI, GF.,
Il Cortile dei Gentili, Roma, 2011.

RODRIGUEZ, P.,
Verità e Menzogne della Chiesa Cattolica, ed. Riuniti, Roma, 2004.

RUGGENINI, M.,
"Der Arbeiter", en *Gli strumenti del Sapere contemporaneo*, UTET 1985, Voz "Nichilismo".

SARUBBI, G.,
L'Apocalisse libro sconosciuto e bistrattato, Libera Chiesa di Avellino, 2004.

SCHOLEM, G.,
La figura mistica della Divinità, Milano, 2010.

SCHUON, F.,
In the Face of the Absolute, London, 1989.

SERGENT, B.,
Celti e Greci, il libro degli eroi, Roma, 2005.

STEPHEN, B.,
The Virgin Goddess: Studies in the Pagan and Christian Roots of Mariology, Leiden. Brill, 2003.

TAYLOR SHOFIELD, A.,
"Another world, or the fourth dimensión", en Rucker, R., *The Fourth Dimension – A Guided Tour of the Higher Universes*; ed. it, *La Quarta Dimensione*, 1994.

VAHANIAN, G.,
La morte di Dio: la cultura della nostra era post-cristiana, ed. it.,1961.

WITTGENSTEIN, L.,
Tractatus logico-philosophicus, trad. it. de A. G. Conte, Torino, 1989.

ZOLLA, E.,
I Mistici de ll'Occidente, Milano, 1997, vol. I.
Uscite dal mondo, Adelphi, 1992.